高卒
うつ病休職
低学歴
低預金
派遣
契約社員
バイト
預金0
キャッシングリボ
200万
社会人からずっと底辺状態だった僕――
生稲《いくいな》 崇《たかし》 (31)
しかし2012年
不意に取ったある1冊の本が僕の運命を変えた
バイク事故で骨折…(泣)
金持ち父さん貧乏父さん
アメリカの金持ちが教えてくれるお金の哲学

ドクン
夢中で読んだ
貪るように読んだ
ドクン
そして強く思った！
ドクン
変えたい…
ドクン
ここから抜け出したい！
人生を…！
ドクン
自分を!!
事故保険金で
借金も一括返済
クレカも全解約
元金を貯めた
バイク事故の保険金
450万→200万借金返済
→250万貯金

経営者・投資家・大家さんなどが集まる成功者の会で僕はある質問をぶつけた
あの…
なぜ不動産投資なんですか？
すると多くの人が口を揃えてこう答えた…
FX…株式…
先物…MLM…
いろいろやって失敗して…
企業再生コンサル最前線にいる経営マネージャー
事業投資に仮想通貨投資もやったなぁ…
日本代表として世界で戦う財閥系商社マン
最後に辿り着く投資なんだよこれは
そっか…
沢山の人たちの安定を求めた投資の最終地点なんだ…
老若男女 問わずできる!!
やっぱり金持ち父さんの話の通り…
だろ？
再現性があるのは不動産投資なんだ！

2014年から猛烈に不動産投資を頑張る中…
新築ブーム!!!!
不動産
入居者
買う
貸す
投
家賃収入
インカムゲイン
一撃で1億利益!!!
キャピタルゲイン
1億5000万で購入
2億5000万で売る
買い手
RC
融資の出やすさとインカムとキャピタルを求め多くの不動産投資家が新築にシフト!
自分も2017年から新築へ!!
鉄骨1棟!!
木造4棟!!
RC2棟!!
鉄骨
木造
RC
ドドド‥ン
新築の旨みを知って千葉・東京へ順調に拡大…
FIREを果たす!!
2018年末全てが完成したら年間CF2500万!!
「持ってよし(インカム)売ってよし(キャピタル)」の夢のような世界が目の前に広がっている…!
——はずだった…

?
なんか雰囲気が…
しかし
2019年6月――
8棟目＋9棟目の
工事が遅れ始め
投資家の間でも噂が立つ
建築士さん!!
あの工務店
やばいですよ
同年8月
2棟が同時に
工事完全停止
連日鳴り続ける
下請業者からの
恫喝電話
非通知設
携帯
金融機関からの
突然の
一括返済要求
関係者が
首吊り自殺

なんでだ…
家族を幸せにするはずが…
こんなはずじゃ…
こんなはずじゃ…
う…あ…
ああああああああ…!!!!
こんなはずじゃなかったのに…!!!
大丈夫…
スッ

みんなが健康でさえいれば何とかなる
私も働いているし
最低限食べていくのは大丈夫よ
大丈夫…
大丈夫…
解決方法はわからない
けど…解決できると信じて…
暗闇の中で一つ一つ問題を解決していった

自分自身は何とか
絶体絶命を
サバイバルできたけど
誰にとってもこれは
決して他人事ではない
新築不動産投資は「大倒産時代」に突入——
UBM! 暁建設! など
大家会でも名前の知られた
建築会社の相次ぐ倒産
次はあなたが依頼した建築会社かもしれない!
え!?
そんな建築会社の大倒産時代を生き抜く「羅針盤」となるのが本書——!!
新築不動産投資
サバイバル大全
ドーン
2棟同時の倒産トラブルをサバイバルしたからこそ見えた新築不動産投資の原理原則!!

そして現在…
おはようございます
不動産総投資額12億――!!!!
13棟購入したうち9棟を売却し手元現金も潤沢で落ち着いている
まずは進捗報告から…
リゾート・都内民泊や中古再生、新築も相変わらず企画している
家族で月1回は国内旅行年1回は海外旅行
Jungfraujoch
TOP OF EUROPE
女手一つで育ててくれた母をヨーロッパ周遊14日間に2回連れていったりもしている…
こういった経済的自由や平和を夢見て始めた不動産投資…
その中でも魅力的な新築不動産投資だからこそ…
カチカチ
カチカチ…
皆さんが「知らない」だけで
見たこともない地獄に落ちないよう
この本を書きました
カチカチ

新築不動産投資に興味がある！やってみたい！やっている！
そんな方はぜひこの本をお守りとして傍に置いてほしい
そして知らない人には教えてあげたりこの本を送ってあげてほしい
事前に「知らない」を無くすだけで
沢山の大切な人の悲劇や不幸を回避できる可能性が高くなるから…

はじめに

金融危機、自然災害…変化と困難の時代。50年後でも通用する投資リターンがほしい

健康寿命が世界一の長寿社会である日本は、世界に先駆けて「人生100年時代」に突入すると言われています。つまり、仕事を引退しても、人生が何十年も続く――そんな時代が現実になりつつあるのです。

2019年、金融庁の金融審議会「市場ワーキング・グループ」の報告書に端を発した「年金2000万円不足問題」により、多くの方々が将来に不安を覚えると同時に、現役時代の資産形成に向き合う必要性を感じました。世界中に影響を与えたコロナ禍を経た今、多くの人が投資を行っています。直近では2014年に始まったNISA制度が、2024年に「新NISA」となり、投資を身近に感じ関心を持つきっかけになりました。

株式投資、インデックス投資、FX投資、仮想通貨投資、金投資、先物投資……、沢山の商品が生まれ「投資」は市民権を得ました。こうした数ある投資には、投機（ギャンブル）同様のものもあり、まさに玉石混淆で、投資に対して自己責任を求められています。

そんな中、注目を集めているのは不動産投資です。

「所有する部屋を貸して家賃を得る」

カンタンにいえば、〝大家さん〟になるということです。

大家業は江戸時代から続いているシンプルなビジネスモデル

「老若男女問わずできる仕組みが整備されている」

「努力・知識・経験によりリスク低減ができる事業である」

「収入が劇的に増加もしないが、劇的に減少もしない（価格硬直性がある）」

「他人資本でできる（借りたお金でレバレッジをかけて拡大できる）」


これらの理由から、本業を持ちながら不動産投資を始める会社員が増えています。

私自身も2014年から、不動産投資をスタートさせました。高卒、中小零細企業勤務の年収400万円台、預金300万円という高属性エリートには程遠い低属性サラリーマンでしたが、持ち前の行動力で収益不動産を増やしました（物件一覧はP16を参照）。

途中、冒頭の漫画で紹介したような大きなトラブルに見舞われながらも、新築不動産投資のおかげもあり、約10年で総投資額12億円、純資産3・5億円の規模に成長できました。

10年で100倍以上のリターンを叩き出す新築不動産投資の光と影

不動産投資にはさまざまな手法があり、今もっとも人気があるのは新築不動産投資です。

「持ってよし（インカムゲイン＝毎月収益）」
「売ってよし（キャピタルゲイン＝売却益）」

の二刀流が実現する、最短で億万長者の夢を実現する王道投資です。

その半面、冒頭で紹介したように新築不動産投資のリスクを「知らない」だけで地獄へ突き落とされるリスクもあります。今の自分があるのは、机上の空論ではないリアルな修羅場をサバイバルした中で実践した経験と知識に基づくものであることは間違いありません。

危機的状況を乗り越える中で培われた経験や知識は、古今東西、世界中のどこにおいても、時代が変わっても普遍の原則です。この本に書かれた現実に存在した修羅場体験に基づくメソッドは再現性ある実践的手法を体系的にまとめたものであり、いつの時代であっても生き抜くための羅針盤となる「新築不動産投資の普遍の原則」なのです。

さあ、準備をして人生の夢と希望を実現する冒険の旅に出かけよう

これから本書を読み始めるあなたに、危険も伴うけれど人生を劇的に変えることのできる魅力に溢れた新築不動産投資の冒険を約束します。そして私が幼少から取り組んでいたボーイスカウト全世界共通のモットーを捧げましょう（命の危険を伴う宇宙飛行士の多くが実はボーイスカウト経験者なんです）。

「備えよ、常に（Be Prepared）」　ボーイスカウト創設者ベーデン・パウエル

冒険には常に危険が伴う。だからこそ、入念な準備を経て計画的に挑戦するのです。あなた自身、そしてあなたの愛する人たちの人生をこの冒険の危険から守るため、本書を羅針盤としてリスクへの事前準備を怠らず学んでほしい。あなたの冒険から危険を遠ざけ、夢と希望に満ちた旅の一助となれば、著者としてこんなに嬉しいことはありません。

サバイバル投資家こと　生稲 崇

新築不動産投資

サバイバル大全

サバイバル投資家
生稲 崇

扶桑社

不動産総投資額 12億円！

私が所有してきた 物件一覧

4棟目　建築条件付き新築

【購入】2017/4
4,303万（利回り8.1%）
【売却】2022/3
4,750万（残債3,728万）

【融資】都銀Ｂ　変30年（金利1.7%）4300万
【立地】千葉市中央区（最寄駅　私鉄 歩8分）
【構造】新築　木造2階（1R ×6）※劣化対策等級2級
（土地）133㎡（建物）136㎡

1棟目　中古

【購入】2014/9
5,300万（利回り8.2%）
【売却】2024/2
7,000万（残債4,275万）

【融資】地銀Ａ　変30年（金利3.4%）5,300万
【立地】名古屋市守山区（最寄駅　私鉄　歩10分）
【構造】築19年　RC 造4階（2LDK ×3、1DK ×9）
（土地）248㎡（建物）465㎡

5棟目　土地から新築

【購入】2017/11
8,700万（利回り9.4%）
【売却】2023/1
11,600万（残債7,387万）

【融資】信金Ｄ　変35年（金利2.0%）8,300万
【立地】東京都江戸川区（最寄駅　JR 歩10分）
【構造】新築　木造3階（1K ×9）
（土地）157㎡（建物）221㎡

2棟目　中古

【購入】2014/9
2,800万（利回り9.6%）
【売却】2016/10
2,900万（残債2,336万）

【融資】都銀Ｂ　変23年（金利1.6%）2,500万
【立地】横浜市南区（最寄駅　私鉄　歩12分）
【構造】築24年　RC 造3階（1LDK ×3）
（土地）130㎡（建物）131㎡

6棟目　土地から新築

【購入】2018/3
10,800万（利回り7.9%）
【売却】2022/3
12,700万（残債9,886万）

【融資】地銀Ｅ　変34年（金利2.0%）10,800万
【立地】千葉市中央区（最寄駅　歩10分）
【構造】新築　重量鉄骨造4階（1LDK ×5、1K ×4）
（土地）123㎡（建物）264㎡

3棟目　中古

【購入】2015/1
10,500万（利回り9.6%）
【売却】2017/4
17,000万（残債9,806万）

【融資】信金Ｃ　変25年（金利1.95%）1.05億
【立地】東京都港区（最寄駅　地下鉄　歩10分）
【構造】築23年　鉄骨造4階（3LDK ×1、1K ×8、店舗）
（土地）140㎡（建物）275㎡

10棟目　土地

【購入】2018/9
5,500万
【売却】2020/3
6,700万

【融資】なし（現金購入）
【立地】東京都大田区（(最寄駅　私鉄 歩5分）
【構造】新築　RC 造5階（1R ×10）※土地＋企画で売却
（土地）80㎡（建物予定）235㎡

7棟目　中古

【購入】2017/8
10,500万（利回り9.6%）
【売却】保有中

【融資】地銀 F　固＋変18年（金利1.3%）9,900万
【立地】神奈川県平塚市（最寄駅　JR　バス15分）
【構造】築29年　RC 造3階（2LDK ×12）
（土地）531㎡（建物）660㎡

11棟目　土地から新築

【購入】2020/11
19,500万（利回り7.4%）
【売却】2023/1
27,500万（残債15,157万）

【融資】地銀 H　変30年（金利1.4%）16,000万
【立地】東京都足立区（最寄駅　JR 歩10分）
【構造】新築　RC 造5階（1K ×13、1LDK ×1）
（土地）123㎡（建物）382㎡

8棟目　土地から新築

【購入】2020/12
14,800万（利回り8.3%）
【売却】2020/12
17,650万（残債14,800万）

【融資】信金 C　変25年（金利2.0%）1.25億
【立地】東京都練馬区（最寄駅　私鉄　歩10分）
【構造】新築　木造3階（1K ×13）※劣化対策等級3級
（土地）210㎡（建物）290㎡

12棟目　民泊新法

【購入】2022/10
建物730万＋修繕1,000万
【売却】保有中

【融資】信金 C　固5年（金利2.6%）700万（修繕）
【立地】東京都北区（最寄駅　地下鉄　歩6分）
【構造】築64年　木造2階（4LDK）
（土地）82㎡（建物）72㎡

9棟目　土地から新築

【購入】2022/6
15,300万（利回り7.5%）
【売却】保有中

【融資】信金 G　変35年（金利2.2%）1.39億
【立地】東京都立川市（最寄駅　JR　歩13分）
【構造】新築　木造3階（1R ×13）※劣化対策等級3級
（土地）263㎡（建物）298㎡

【その他の不動産】

・所有　山梨県河口湖　簡易宿舎　（建物）135㎡　RC 造一戸建て　4LDK + BBQ テラス
　→準備中　2024年12月オープン予定
・転貸　東京都大田区　特区民泊　（建物）130㎡　RC 造一戸建て　4LDK + BBQ テラス
　→準備中　2024年9月オープン予定
・区分　東京都東久留米市　2LDK　47㎡　全焼案件
・区分　千葉県松戸市　　　1LDK　40㎡　孤独死案件

第2章 新築不動産投資サバイバル【業界研究編】 ～業界構造と慣習を知ろう～ 61

第3章 新築不動産投資のトラブル大全 89

建築会社

「品質と納期の厳守を最優先とし、その基準に沿ってすべてのプロジェクトを管理」

特典コラム 新築しくじり大家さん対談

第1章

新築不動産投資サバイバル【事前学習編】

～建築会社「大倒産時代」を生き抜く～

1 新築不動産投資をするメリット

新築不動産投資の魅力は、物件の見た目や設備の新しさだけではありません。中古物件では室内がボロボロのまま長期間空室、築年数が経っていることで物件に対する金融機関の評価が低く、融資が受けられない場合があります。これが新築物件なら入居率も高く、リフォームが不要の上、築年数に余裕があるため銀行からの担保評価も高く、融資が受けやすいです。

そもそも新築不動産投資のメリットを紹介すると、

・高い家賃&入居率を維持しやすい
・金融機関からの担保評価が高く、融資を受けやすい
・耐用年数が長く、減価償却期間も長い
・住宅瑕疵担保履行法の対象になる
・売却しやすい（次に買う人も融資がつきやすく流動性が高い）

といった主に5つがあります。もちろん、そのデメリットもあるので、不動産投資を始める前に新築と中古の特徴の違いをしっかりと理解しておく必要があります。

新築不動産投資のメリット①
高い家賃&入居率を維持しやすい

日本では欧米（古い物件に住む文化）とは違い「新築の部屋に住みたい」という文化的需要があるため、賃貸ニーズが高く、高い家賃で募集しても、入居率が高くなりやすいといった特徴があり、これを新築プレミアムといいます（新築から5～10年の期間）。

その他、都道府県や自治体の都市計画道路によって、マンション周辺の道路が拡張・整備される場合や、土地区画整理事業が行われることで、周辺に商業施設や医療施設、住宅などが誘致されて住宅需要が高まるケースもあります。

新築不動産投資のメリット②
金融機関からの担保評価が高く、融資を受けやすい

不動産投資では、金融機関から融資を受けて購入するケースが多いです。不動産に対する担保評価額が高ければ高いほど融資が受けやすくなるため、中古物件に比べて経年劣化

がほとんどなく耐用年数が長い新築物件は有利です。

新築不動産投資のメリット③ 耐用年数が長く、減価償却期間も長い

新築物件では「法定耐用年数」が長く、減価償却できる年数も長いです。減価償却とは設備投資などの費用を一定期間に配分する会計処理のことを指します。長く減価償却できると節税効果が望めます。

例えば、鉄筋コンクリート造の居住用建物であれば法定耐用年数は47年となるため、新築の場合は物件購入にかかった費用を47年間減価償却費として経費計上できます。

これが中古物件だと、耐用年数から建物の築年数を差し引いて計算するので、減価償却期間もその分だけ短くなります。

なお税法によって規定された耐用年数を法定耐用年数と言います。減価償却は、風雨による損耗や経年劣化などにより、建物の資産価値が減っていくのに対して、その減価した分を法定耐用年数に基づいて経費として計上していくことができる仕組みです。

新築での構造による法定耐用年数と融資期間は左の表がわかりやすいでしょう。

【新築】構造による法定耐用年数と融資期間

	法定耐用年数	新築での融資期間	備考
木造	22年	20〜35年	●金融機関の評価（購入時） 　法定耐用年数＜融資期間もしくは法定耐用年数≒融資期間となりやすく、金融機関によっては評価は低いところもある（利回りが高ければ収益性によって返済比率がリカバーされやすい）。 ●金融機関の評価（購入後） 　減価償却減少（建物価値減少）＞融資元本減少となりやすく、融資期間が長い場合は、金融機関によっては、経年で物件評価＜融資残高という信用毀損が起こりやすい。次の物件融資がしにくくなる場合もある。 ●対税金面での減価償却 　法定耐用年数＜融資期間となりやすく、長期間保有すると将来的なデッドクロス（減価償却費よりも元金返済の金額のほうが大きくなってしまっている状態）の心配は起こりやすい。 ●その他 　劣化対策等級２級取得（施工・設計）により融資期間30年、劣化対策等級3級（施工・設計）により融資期間35年とする金融機関もあるため、金融機関にその都度確認してみると良い（なくても長期融資する場合もある）。
重量鉄骨造	34年	30〜35年	●金融機関の評価（購入時） 　法定耐用年数≒融資期間となりやすく、利回りがあれば評価はさらに高くなる。 ●金融機関の評価（購入後） 　減価償却減少（建物価値減少）≒融資元本減少となりやすく、融資期間が長い場合でも金融機関は経年で物件評価≒融資残高と見るため信用毀損は起こりにくくなる。

			●対税金面での減価償却 法定耐用年数≒融資期間となりやすく、長期間保有しても将来的なデッドクロスの心配はない。 ●その他 鉄骨厚さ6mm 以上のものを重量鉄骨造と見なすなど、銀行によっての規定があり、軽量鉄骨と重量鉄骨の扱いに注意が必要。また工法によって規定以下でも重量鉄骨と見なせることなどがある。
RC 造（鉄筋コンクリート）	47年	30〜35年	●金融機関の評価（購入時） 法定耐用年数＞融資期間となりやすく、利回りがあれば評価はさらに高くなる。 ●金融機関の評価（購入後） 減価償却減少（建物価値減少）＜融資元本減少となりやすく、融資期間が長い場合でも金融機関は経年で物件評価＞融資残高と見るため信用毀損は起こりにくい上に、経年で物件評価は上がっていく。 ●対税金面での減価償却 法定耐用年数＞融資期間となりやすく、デッドクロスの心配はなく経年でも最も長期間かつ、自然な節税をしつつインカムを受けることができる。
各構造共通	耐火木造・重量鉄骨・RC など耐火建築物は不燃建築公社の保証認定を得ることにより、金融機関は不燃建築公社の認定＝同社を保証人とすることができる。同じく金融機関にとっては、融資リスクをなくすことができ、融資に前向き（融資額・金利優遇）になりやすい。 「首都圏不燃建築公社」の公式 HP では、朝日信用金庫、さわやか信用金庫、芝信用金庫、城北信用金庫、西武信用金庫が提携していると記載されている（2023年12月現時点）。ただし、他にも提携している金融機関はあるとのことなので各自確認してみるとよい。 ※参考 URL https://www.funenkosya.or.jp/business/loan_guarantee/		

※融資期間は金融機関により異なりますので、あくまで多くの金融機関で採用している平均的な数値です

新築不動産投資のメリット④
住宅瑕疵担保履行法の対象になる

新築物件を販売する事業者、建築会社および、宅地建物取引業者（以下、宅建業者）に対して義務付けられる「住宅瑕疵担保履行法」という法律があります。カンタンにいえば建物に法的な保証がついているのです。

これは住宅の主要構造部分（住宅の構造耐力上主要な部分や雨水の侵入を防止する部分）の瑕疵（欠陥）につき10年間の瑕疵担保責任を負わせる法律で、「住宅の品質確保の促進等に関する法律」に基づいて規定されています。つまり、建築して10年間の間に柱や屋根、外壁、基礎に欠陥が見つかれば修繕してもらえるのです。

建築会社や宅建業者は、新築住宅瑕疵保険を利用し、万が一、瑕疵があった場合、保険金を受け取れる仕組みになっています。これは瑕疵担保責任の履行をきちんと事業者に遂行させることが目的です。

また、建築会社・宅建業者は２００９年10月1日から、売主に瑕疵担保責任を履行させるための資金力確保として「保証金の供託」、または「新築住宅瑕疵保険」が義務付けられました。住宅瑕疵保険を付保しない新築物件について建築会社は住宅建設瑕疵担保保証金を供託し、宅建業者は住宅販売瑕疵担保保証金を供託することが義務付けられています。

新築住宅瑕疵保険と保証金の供託の仕組み

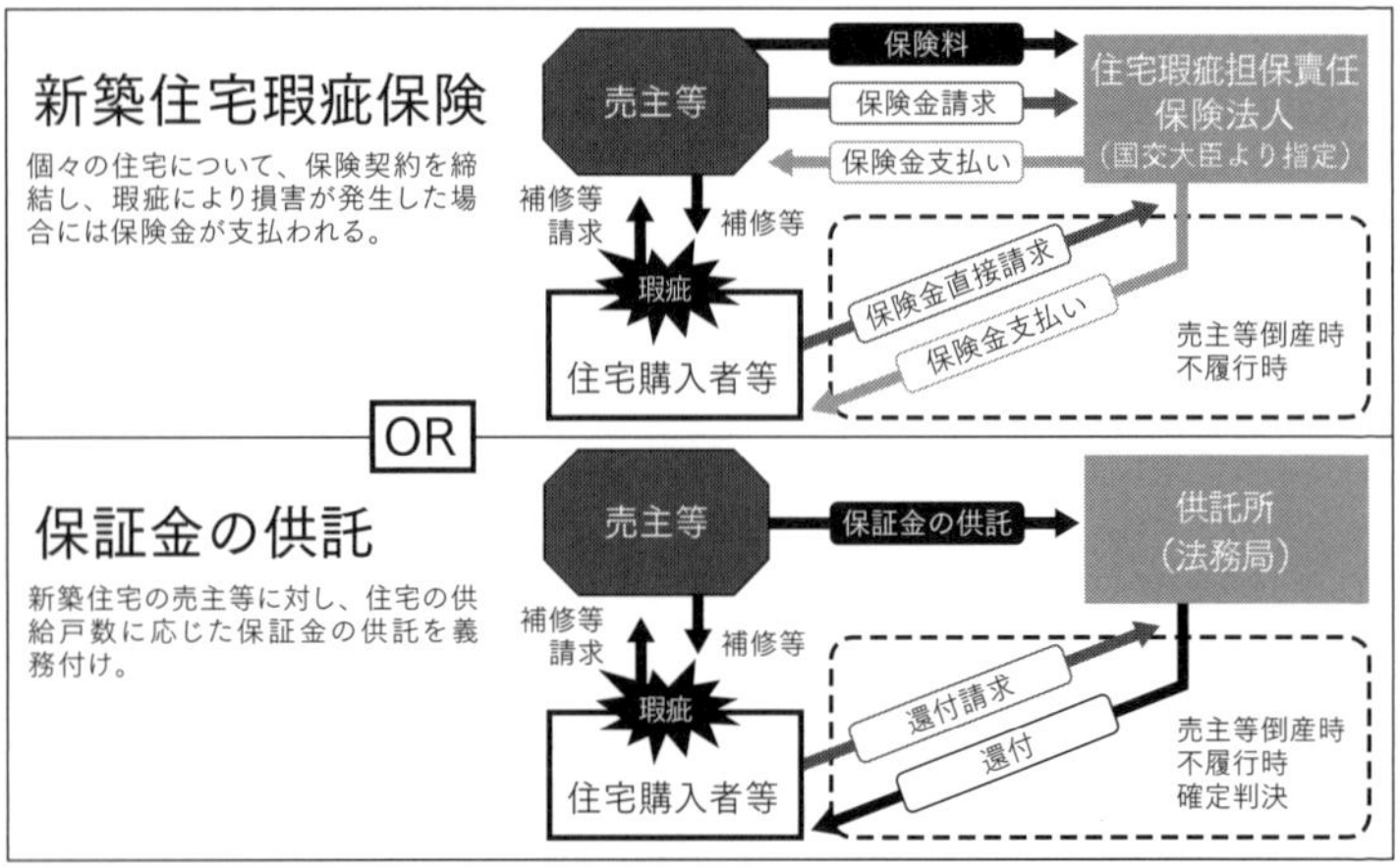

（国土交通省「特定住宅瑕疵担保責任の履行の確保等に関する法律」より引用）

仮に建築会社・宅建業者が倒産していた場合でも、不動産投資家（買主）は供託所（法務局）から保証金の還付を受けられる仕組みになっています。

新築不動産投資のメリット⑤
売却しやすい

新築物件は購入して5年経過してもまだ築浅物件です。建物の状態も良いため、売却しやすい（流動性が高い）のが大きなメリットです。

10年間は新築住宅瑕疵保険の保証期間のため躯体リスクも保証されます。10年保有後に売却する場合でも、新しい買主は次ページの表のように購入にあたり十分な融資期間を取りやすくなります。

【新築→築10年後】構造による残耐用年数と融資期間の目安

構造	購入時（0年目）＝旧所有者		売却時（10年目）＝新所有者		売却しやすさ	備考
	残耐用年数	融資期間	残耐用年数	融資期間		
木造	22年	20〜35年	12年	10〜20年	低〜中	新所有者の返済比率を圧迫しやすい
重量鉄骨造	34年	30〜35年	24年	20〜30年	中〜高	新所有者の返済比率を圧迫しにくい
RC造（鉄筋コンクリート）	47年	30〜35年	37年	30〜35年	高	新所有者の返済比率を圧迫しない

※金融機関の平均的な融資条件に基づきます

特に物件の稼働率やデザインがよければ、他の不動産投資家や不動産業者、現金価値の希薄化のための相続税対策での富裕層、現金資産が潤沢な一般企業が利回り＋減価償却を求めて、不動産を購入したがるケースもあり、投資の売却戦略としても有利に働きます。

ここ数年は円安の影響もあり、海外投資家も日本の不動産を積極的に購入していきます（16ページの私の物件4棟目は米国投資家が現金で購入！）。

2

土地取得までのステップ

続いて新築不動産投資を実施するにあたり、土地取得から建物建築、入居付けまでの流れをステップで紹介します。まず土地の取得は主に次のステップで行います。

土地情報取得・ラフプラン検討・収支シミュレーション

土地情報はインターネットで検索します。主な情報サイトには「アットホーム」「スーモ」「ホームズ」などがあります。立地はもちろん、土地の広さ、価格だけでなく、接道接面や用途地域・防火指定、容積率・建蔽率などどのような建物プランが入るのかも含めて検討する必要はあります。

ここで建築士に建物ラフプラン（部屋数・部屋毎の面積（間取りは現時点では不要）・建物の延べ面積や階数）などを作ってもらう必要があります。出てきた部屋数・面積で家賃設定をし、建物の延べ面積をもとに建築費概算を出し、これをもとに収支シミュレーションを行います（巻末購入者特典①を使ってみてください）。

融資打診・融資内諾・土地売買契約

購入する土地・建物ラフプランを決めたら金融機関へ融資打診を行います（巻末購入者特典②を使ってみてください）。その際には土地の資料・建築プラン・建築費見積もりにあわせて自身の資料（源泉徴収票、決算書（法人の場合）、資産一覧など）を持参します。

融資内諾が出たところで土地売買契約を結びます。その際に初心者であればローン条項（融資が受けられない場合は白紙になるという特約）を忘れずに付けます。土地売買契約を行ったら建築士に正式な本設計のプランを依頼し、土地の地盤調査や建築確認申請など建築のための準備を進めていきます。

土地取得

土地の融資審査が通れば、土地融資実行、決済を行います。取得した土地に古家があれば解体工事が必要です。

土地取得までのステップ

1
土地情報取得・プラン検討
2
融資打診・土地売買契約
3
基本設計・土地取得
土地情報の取得
建物ラフプラン（ボリューム検討）
家賃設定・収支シミュレーション
融資打診（土地・建物取得費）
融資内諾（事前審査）
土地売買契約締結
本設計プラン正式依頼（設計業務委託契約）
土地地盤調査
基本設計（建築確認申請準備）
土地融資実行、決済
土地取得完了

3 土地取得〜建築・入居までのステップ

建築開始

建築確認申請をして「確認済証」が取れたら建築のスタートです。同時に建物の最終見積もりを取り、建築会社と建築請負契約を結びます。この時点で建築費が確定します。

建物分の融資決済

工事がスタートするタイミングで第1回の着工決済（工事費の支払い）をします。工事は地盤改良工事、基礎工事、上棟という順番で進めていきます。

支払いは基礎工事が済んだところで第2回の中間決済、上棟が済んだところで、中間検査を受けて第3回の決済をします。建物完成時には第4回の最終決済をします。

一般的な2〜4回の分割払いではなく、建築会社の倒産リスクの防止のための出来高払いの方法は第4章で詳述します。

建物竣工・完了検査・入居

建物が完成することを竣工といいますが、竣工時に検査機関の完了検査を受け検査済証という書類を受領し、そのあと建物表題登記（新築など、まだ登記されていない土地や建物について、新規で行う登記のこと）を行い、最後に施主検査を経て引き渡しをします。

建物の竣工に合わせて管理会社に入居募集を依頼しておき、引き渡しが済んだら入居契約を行い、入居開始となります。

土地取得～建築・入居までのステップ

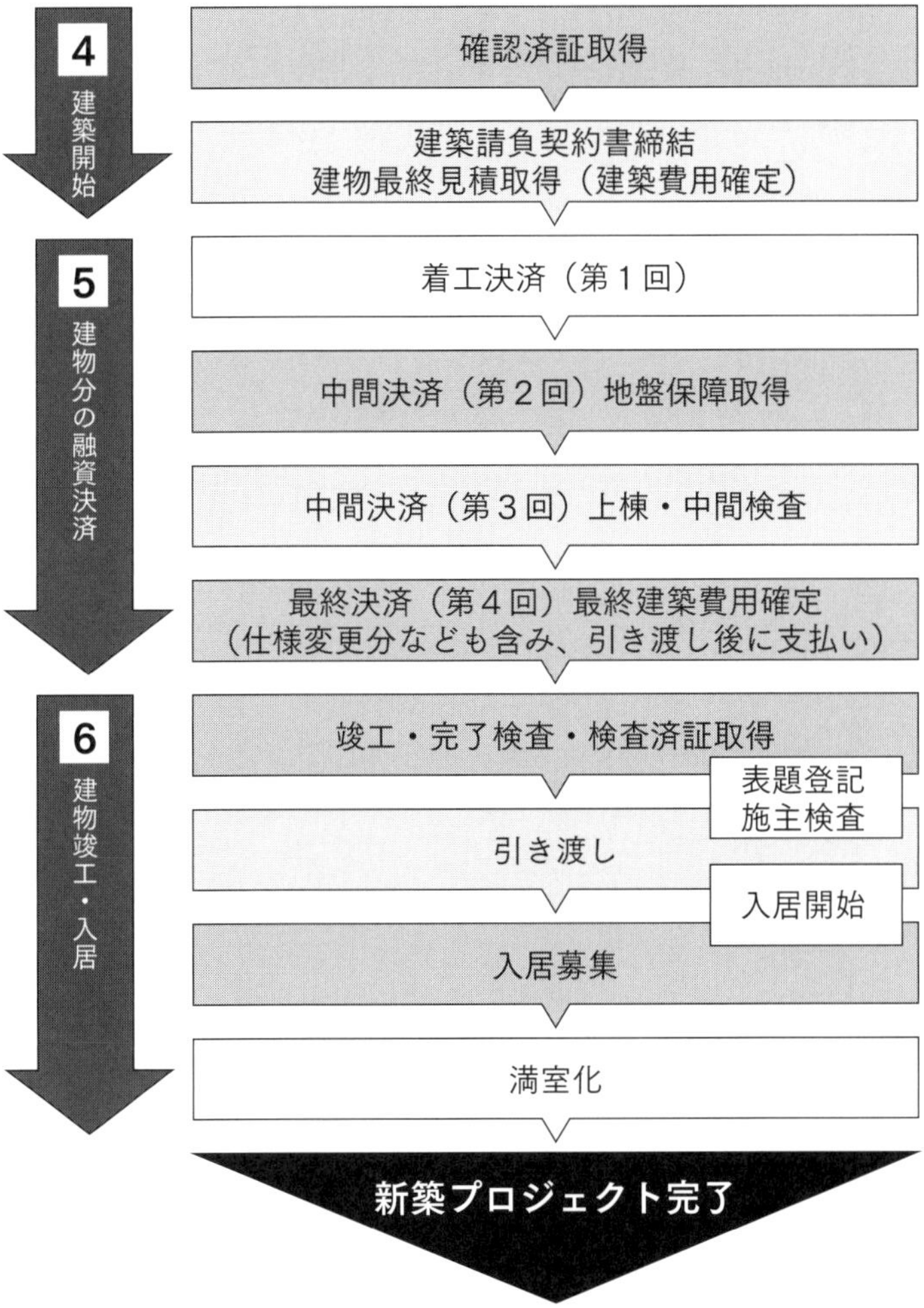
4
建築開始
確認済証取得
建築請負契約書締結
建物最終見積取得（建築費用確定）
5
建物分の融資決済
着工決済（第１回）
中間決済（第２回）地盤保障取得
中間決済（第３回）上棟・中間検査
最終決済（第４回）最終建築費用確定
（仕様変更分なども含み、引き渡し後に支払い）
6
建物竣工・入居
竣工・完了検査・検査済証取得
表題登記
施主検査
引き渡し
入居開始
入居募集
満室化
新築プロジェクト完了

4 避けては通れない「建築確認申請」とは？

建築確認申請とは、住宅を新築する場合や、10㎡を超える増改築を行う場合に必要な手続きです（防火地域や準防火地域では、10㎡以下の増改築でも建築確認申請が必要）。申請は設計事務所や建築会社が不動産投資家（建築主）の代理者として行います。建築確認申請は1回、確認検査は中間検査と完了検査の2回です。

1回目は工事の前に指定確認検査機関に必要な書類を提出し、建築基準法や関連条例に適合しているかを確認、それが終わると「確認済証」が交付されます。3階建て以上などの建築物は、工事の途中にも確認検査員が現地で確認する「中間検査」が行われます。工事が終わって建物が完成すると、申請通りに建てられているか確認検査員が実際に現地に来て最終の確認「完了検査」を行い、この検査後に「検査済証」が交付されます。「確認済証」は初回の融資を受ける際に必要となる書類で、建物が完成後に登記する際にも提出します。「検査済証」は最終の融資を受ける際に必要となる書類で、将来売却するときにも必須になります。これらの書類はきちんと保管しておきましょう。

建築確認のステップ

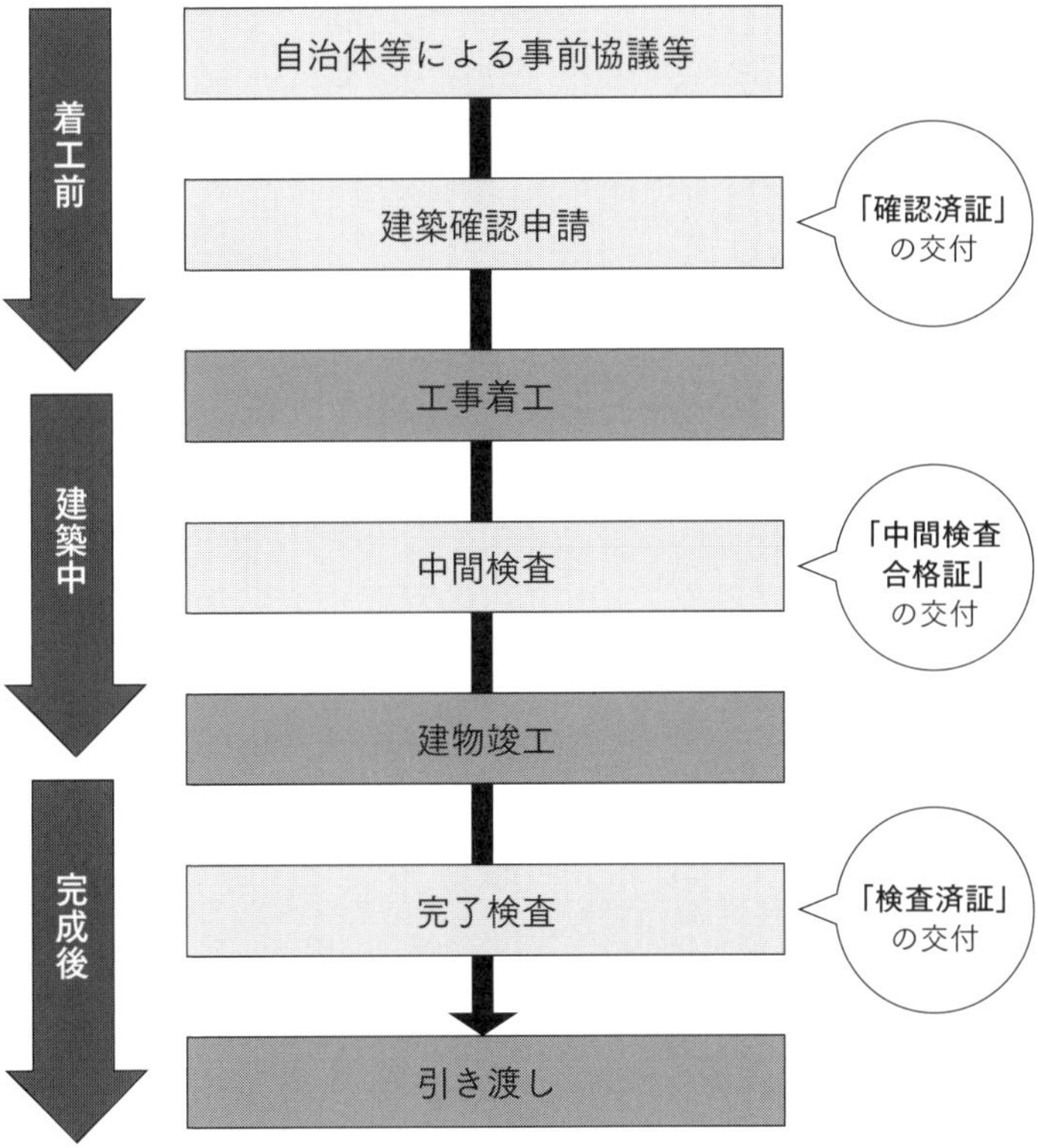
着工前
建築中
完成後
自治体等による事前協議等
建築確認申請
「確認済証」の交付
工事着工
中間検査
「中間検査合格証」の交付
建物竣工
完了検査
「検査済証」の交付
引き渡し

5

新築不動産投資も3つの手法がある

新築不動産投資の方法としては、主に3つが挙げられます。

・建売新築
・土地先行の条件付き新築（建築条件付きor建築プラン付きなど）
・土地から新築企画

投資家として話していると、新築のこの3つの手法の違いをそれぞれ分かっていない人が散見されます。例えば、建築条件付きの新築と建売新築でいえば、建売新築は建物がすでにできあがっている状態で引き渡しがされるため土地の先行決済はなく、建物＋土地を同時に決済します。建っている家を購入するということが大きな違いなのですが、すでに規格が決まっているという部分については同じです。

初心者でも理解できるように、一つひとつ説明していきたいと思います。

①建売新築の構造別利回り比較

	市場価格 利回り	建売 利回り	市場との ギャップ	備考
木造	6.8%	6.8%前後	±0.5%	購入価格1億円として市場価格で売却計算すると売却価格では＋0〜735万円もの差が出ます
重量鉄骨造	6.1%	6.1%前後	±0.5%	購入価格1.5億円として市場価格で売却計算すると売却価格では＋0〜1230万円もの差が出ます
RC造	5.2%	5.2%前後	±0.5%	物件価格2.0億円として市場価格で売却計算すると売却価格では＋0〜1923万円もの差が出ます

※具体例（2023年12月時点での東京23区での調査に基づく）。エリア、価格帯などにより変動するため著者調査時点の平均値で記載（重要なのは市場とのギャップ）

新築不動産投資の方法①

建売新築

建売新築は、すでに建物ができあがっている状態で販売されているアパートやマンションのことです。できあがっているということで、建築会社の倒産などといったリスクがない代わりに、仕様変更などオーナーの希望は通りません。

《メリット》

・建築会社の倒産リスクがない

・自分で土地＋建築を手配しなくても良い

《デメリット》

・購入価格が高い（利回り＝低、取得価格＝市場価格になりやすい）

・建築中に売却価格が下がるリスクもある

②土地先行の条件付き新築の構造別利回り比較

	市場価格	土地先行の条件付き新築	市場とのギャップ	備考
	利回り	利回り		
木造	6.8%	7.3%前後	+0.5%〜+1.0%	購入価格1億円として市場価格で売却計算すると売却価格では+735万〜1471万円もの差が出ます
重量鉄骨造	6.1%	6.6%前後	+0.5%〜+1.0%	購入価格1.5億円として市場価格で売却計算すると売却価格では+1230万〜2459万円もの差が出ます
RC造	5.2%	5.7%前後	+0.5%〜+1.0%	購入価格2.0億円として市場価格で売却計算すると売却価格では+1923万〜3846万円もの差が出ます

※具体例（2023年12月時点での東京23区での調査に基づく）。エリア、価格帯などにより変動するため著者調査時点の平均値で記載（重要なのは市場とのギャップ）

（周辺で競合物件ができ、需要が変動するなど）

新築不動産投資の方法②
土地先行の条件付き新築（建築条件付き or 建築プラン付きなど）

土地先行決済の条件付き新築アパート・マンションは、「建築条件付き」「建築プラン付き」とも言われます。

こちらはマイホームでも同じような販売方法があり、土地の状態で購入しますが、購入時にはすでに建物の規格・建築会社が決まっています。建築会社によっては壁紙や床の色が選べたり、追加料金を払ったりすることでグレードアップもできます。

《メリット》

・購入価格がやや高い（利回り＝低～中、取得価格≧市場価格になりやすい）

・自分で土地＋建築（建築士＋建築会社）を手配しなくてもよい

《デメリット》

・建築会社の倒産リスクがある（良い不動産業者or悪い不動産業者で成否が分かれる）

・建築中に売却価格が下がるリスクがある（周辺で競合物件ができ、需要変動する）

新築不動産投資の方法③
土地から新築企画

土地から新築企画とは、自分自身で土地を探し、建物も自分でプランニングします。この方法がもっとも低コストかつ、設計なども自由なので利回りを上げやすいです。しかし、探し出した土地にどれくらいの建物が建つのかを確認（ボリュームチェック）するのは素人には難しく、建築士に依頼するのが一般的です。

また施工する建築会社も自身で選ばなくてはならず、そのためには的確に見積もりを依頼し、見積もりを読みこなす能力も求められます。自由が利く半面、決めることも多く、初心者では難しい、いわゆる中級～上級者向けの投資となります。やっていることはプロ

③土地から新築企画の構造別利回り比較

	市場価格	土地から新築企画	市場とのギャップ	備考
	利回り	利回り		
木造	6.8%	7.8〜8.8%	＋1.0〜＋2.0%	購入価格1億円として市場価格で売却計算すると売却価格では＋1471万〜2941万円もの差が出ます
重量鉄骨造	6.1%	7.1〜8.1%	＋1.0〜＋2.0%	購入価格1.5億円として市場価格で売却計算すると売却価格では＋2459万〜4918万円もの差が出ます
RC造	5.2%	6.2〜7.2%	＋1.0〜＋2.0%	物件価格2.01億円として市場価格で売却計算すると売却価格では＋3846万〜7692万円もの差が出ます

※具体例（2023年12月時点での東京23区での調査に基づく）。エリア、価格帯などにより変動するため著者調査時点の平均値で記載（重要なのは市場とのギャップ）

の不動産開発会社（デベロッパー）と変わりありません。

《メリット》

・購入価格を低くできる可能性（利回り＝中〜高、取得価格＜＜市場価格にできる可能性）

《デメリット》

・建築会社の倒産リスクがある（自分の選択と決断が全ての成否を決める）

・建築中に売却価格が下がるリスクあり（周辺で競合物件ができて需要変動）

・自分で土地＋建築（建築士＋建築会社）を手配する必要がある

6 手法ごとのメリット強化、デメリット対策

続いては、それぞれの手法ごとのメリットを掘り下げていきます。またデメリットの対策法についても具体的にお伝えいたします。

① 建売新築

メリットはすでに建物ができあがった状態で販売されているため、建築会社の倒産リスクがないことです。竣工時の引き渡しのため、工事遅延での金利負担、建築会社倒産での損失などが発生しません。

加えて、値引き交渉による利回りアップに挑戦できます。業者によっては滞留在庫を早く売りたいなどの事情によりディスカウントに応じてくれるケースがあります。

一方、デメリットは総じて購入価格が高い（利回り＝低、取得価格＝市場価格になりやすい）ということです。「建築リスクがない＝販売する建築・不動産会社の開発リスク」のためリスク分を利益として上乗せするので、どうしても購入価格は高くなってしまいます。

相場よりも利益率の高い、いわゆる「儲かる物件」もないわけではありませんが、その多くが水面下で取引されており、インターネット上や不動産情報誌などの表に出てくることはほとんどありません。

情報をつかんだ不動産業者が、表に情報を出す前に自分の顧客に売ってしまうからです。そのため、不動産業者から優良顧客と見なされていなければ、儲かる物件情報はなかなか自分に回ってきません。

優良顧客と見なされるためには、「いかに自分が本気で物件を買いたいか、買える客か」というのを不動産業者の担当営業にアピールしておく必要があります。そうした信頼関係を作っておけば、新着の物件情報をいち早く提供してくれるようになります。

ただし、不動産業者が持ってきた情報をそのまま鵜呑みにするのではなく、自分でしっかりと情報を精査する必要があります。新築物件で成功するためには、自身の技量を高め、サポートを受けてでも早期に土地から新築企画にレベルアップする必要があります。

他にも想定家賃の見込みが甘いケースもあります。家賃表の作成者が、販売する建築・不動産会社だった場合、悪徳な業者だと家賃水準より遥かに高額な家賃設定などしているケースもあり、竣工時に想定した家賃で募集しても入居が決まらず、家賃減額により利回り低下（＝売却価格が下がる）などが起こります。

対策としては、市場変動（直近だとコロナによる賃貸需要変化）などもあり、業者の善悪だけが要因でない場合もあるため、購入者側である不動産投資家が独自に家賃調査を行い、数字に責任を持つことです。その上で、業者設定家賃との乖離があれば値下げ交渉なども行いましょう。

賃貸ニーズを調べ、空室リスクを下げる

空室リスクを下げるためには対象不動産があるエリアの賃貸ニーズを調べておくことが大切です。一般的に賃貸需要が高い物件は「駅から徒歩10分圏内」「近隣にスーパーマーケットやデパートなどの商業施設がある」といったポイントがあります。

また、単身者需要があるということで大学、工場やオフィスの近くにある物件が良いとされてきました。

ところが、2020年からのコロナ禍の影響でリモートワークやリモート授業が増えたことで、工場・オフィス・大学周辺の賃貸需要が下がってしまう可能性が出てきました。その他、大学や工場が撤退する可能性もあります。

東京圏（埼玉県、千葉県、東京都、神奈川県）の賃貸マンションの平均家賃変動率の推移を見ると、2021年からは回復しているものの、コロナ禍に突入した2020年の平均家賃相場が下がっていることがわかります。

特に単身者向けのワンルームタイプへの影響が大きく表れています。賃貸需要が下がったことにより平均家賃相場が下がったことがうかがえます。こうした空室リスクを避けるために、物件の場所選びはとても重要です。

適正な家賃か確認をする

建売で販売されている新築物件は、建築費や販売業者の利益の上乗せによって利回りが低い傾向にあります。

とはいえ、前述したように新築物件には、物件の競争力や人気があるので、物件選びを間違えなければ建売でも十分に利益が出ます。

新築物件の購入を検討する際は、レントロール（賃貸状況一覧表。建物建設中の場合は想定賃料一覧表）に書かれている家賃が、周辺にある同じ条件の物件の家賃と比較して適

東京圏の賃貸マンションの平均家賃変動率の推移

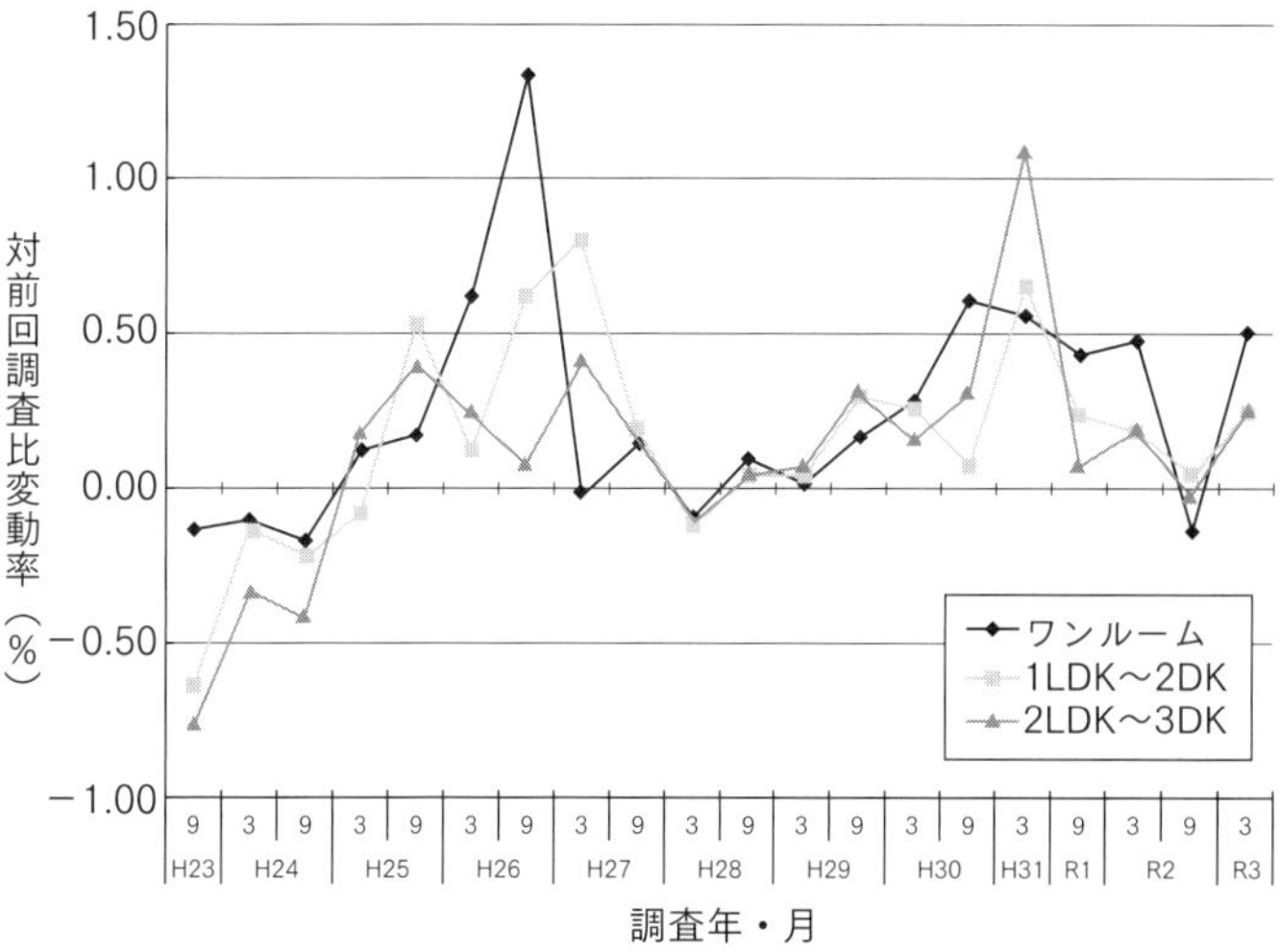

引用：不動産業統計集｜公益財団法人不動産流通推進センター

正であるか確認しましょう。なお近隣の家賃相場は、インターネット上の不動産ポータルサイトで調べることができます。

②土地先行の条件付き新築（建築条件付き or 建築プラン付きなど）

土地先行条件付き新築は、建物ができていないという点が、建売新築とは違いますが、他はほとんど同じです。

不動産業者・建築会社が土地を仕入れ、建築企画を考えるため、購入価格がやや高いです（利回り＝低～中、取得価格≧市場価格になりやすい）。それでも建売新築よりは安い傾向にあります。

さらなるメリット向上については、建売新築と同様に、値引き交渉による利回りアップに挑戦することが挙げられます。

業者によっては滞留在庫の土地を早く売りたいなどの事情によりディスカウントするケースもあります。物件登記簿を確認して取得年月からプロジェクト（ＰＪＴ）融資（事業者向けの短期融資）の期限を推定、または決算月などをチェックするのもよいでしょう。

また優良な高利回り新築の供給業者を見つけるのが最適です。これは不動産投資家たちとの交流を通じて既存顧客である大家の紹介を受けることが、併せて実績も確認できるので、もっとも有効な方法です。

ただ、こういった優良な供給業者は表立って営業していないケースが多いのと、出てくる案件数は決して多くなく、出てきても多数の候補者から早い者勝ちになる傾向が強いことから、買える客になるための準備を入念に行う必要があります。

建売新築との大きな違いは「まだ建物が建っていない」段階での販売になるため、業者が提案した建築企画を確認して、収益が最適とは言えない場合、指摘して改善を図ることができます。

例えば、間取りプランを確認して収納を増やす、水回りを人気の設備にグレードアップして、より高い家賃が設定できるようにする、アクセントクロスなどデザイン性の高い壁紙や床材を使用して、入居者にとってより魅力のある物件に仕上げるなど、改善方法はいくつもあります。

こうした不動産業者・建築会社との折衝により、自身の技量を高め、土地から新築企画にレベルアップができます。


一方、土地先行の条件付き新築における最大のデメリットは、建築会社の倒産リスクがある（良い不動産業者or悪い不動産業者の紹介かで成否が分かれる）ことです。その対策ノウハウは第3・4章にて詳しく解説していますので、ここでは割愛いたします。加えて建築中に売却価格が下がる可能性があります。これは建売新築と同様のリスクです。

③土地から新築企画

土地から新築企画については、建売新築、土地先行の条件付き新築に比べて、購入価格を低くできる可能性（利回り＝中～高、取得価格＜＜市場価格にできる）が高いのが大きな特徴です。どのようにしたら高利回りの新築が企画できるかメリットの強化について、そのノウハウについてはこちらも第5章で解説していますので、ここでは割愛いたします。

デメリットの対策方法としては、土地先行の条件付き新築と同様に建築会社の倒産リスクがあり、自分の選択と決断が全ての成否を決めなくてはいけないことです。とくに土地から新築では、土地探しを自ら行い、どのような建物をつくるか建築士と検討、それにあわせて建築会社を探すなど、やるべきタスクがとても多いです。

また、建売新築、土地先行の条件付き新築と同様に建築中に売却価格が下がる可能性があることもデメリットです。想定家賃の値付けミスをした場合、全ての責任は自分にあるということです。

家賃設定については不動産投資家が独自に家賃調査を行い、数字に責任を持つしかありません。市場変動（直近だとコロナによる賃貸需要変化）などの場合もあるため、利回りが少し減ってでも競争力のある部屋と、複数の間取り混合で市場変動に対応できるようにしましょう。対策方法は第5章でも詳しく解説しているので、ここでは割愛いたします。

7 入口でも出口でも中古より有利な点が多い

新築物件は購入するエリアや場所を間違わなければ、長い期間賃貸需要が見込めて、建ってしまえば空室リスクや建物の修繕リスクが低い、比較的安全な投資です。

また、築浅中古物件の売買市況を見ると、需要は下がらず、むしろ上がっており、売却しやすいのも大きなメリットといえます。

高稼働している物件であればオーナーチェンジで購入する可能性もあり、中古物件に多額のリフォーム代をかけるよりも新築のほうが安定しています。

次ページの表は「【構造別】新築VS中古35年までの残債と残債利回りの推移」です。ただし、「残債・残債利回り」だけを抽出して算出したもので、実際の経費（原状回復・大規模修繕・ランニングコスト）などを含めていません。

プロの不動産業者でも難易度が高い、購入基準の中古物件を、新築不動産投資であれば最初から購入が可能です。新築物件のメリット・デメリットをよく理解した上で、まず自分はどこから始めるのか検討してはいかがでしょうか。

【構造別】新築 vs 中古　築35年までの残債と残債利回り推移

■新築

	築5年後	築10年後	築15年後	築20年後	築25年後	築30年後	築35年後
残債	6,700万	5,265万	3,681万	1,931万	0	0	0
残債利回り	9.07%	10.94%	14.78%	26.51%	無借金	無借金	無借金
家賃／年	608万	576万	544万	512万	480万	480万	480万
新築購入者融資年数	15～25年	10～20年	10～15年	10～15年	10～15年	10～15年	10～15年

※新購入者の融資年数は、銀行により異なるため著者が体感する一般的な銀行の平均値に基づきます
※土地からの新築企画で以下の条件で企画し取得した新築木造の一般的事例
・融資 8000 万円（土地・建物）、利回り 8%、金利 2.0%、融資期間 25 年、東京都板橋区、家賃下落率 5 年で 5%（25 年後以降は固定）

	築5年後	築10年後	築15年後	築20年後	築25年後	築30年後	築35年後
残債	10,461万	8,761万	6,885万	4,813万	2,525万	0	0
残債利回り	7.85%	8.88%	10.67%	14.36%	25.66%	無借金	無借金
家賃／年	821万	778万	734万	691万	648万	648万	648万
新築購入者融資年数	30～35年	25～30年	20～25年	15～20年	10～15年	10～15年	10～15年

※新購入者の融資年数は、銀行により異なるため著者が体感する一般的な銀行の平均値に基づきます
※土地からの新築企画で以下の条件で企画し取得した新築木造の一般的事例
・融資 12,000 万円（土地・建物）、利回り 7.2%、金利 2.0%、融資期間 30 年、東京都板橋区、家賃下落率 5 年で 5%（25 年後以降は固定）

	築5年後	築10年後	築15年後	築20年後	築25年後	築30年後	築35年後
残債	14,335万	12,496万	10,465万	8,224万	5,749万	3,017万	0
残債利回り	6.79%	7.38%	8.32%	9.96%	13.36%	25.46%	無借金
家賃／年	973万	922万	870万	819万	768万	768万	768万
新築購入者融資年数	30～35年	30～35年	25～30年	20～25年	15～20年	10～15年	10～15年

※新購入者の融資年数は、銀行により異なるため著者が体感する一般的な銀行の平均値に基づきます
※土地からの新築企画で以下の条件で企画し取得した新築木造の一般的事例
・融資 16,000 万円（土地・建物）、利回り 6.4%、金利 2.0%、融資期間 35 年、東京都板橋区、家賃下落率 5 年で 5%（25 年後以降は固定）

（売却側）新築から保有していたオーナー
9.96% の物件
は
（購入側）中古で途中に購入したオーナー
5.50%の物件
の条件で売却しているイメージとなる

もしこの時に
売却したなら…

■中古

	築5年後	築10年後	築15年後	築20年後	築25年後	築30年後	築35年後
残債	－	－	－	20,000万	17,055万	13,804万	10,214万
残債利回り	－	－	－	5.50%	6.13%	7.17%	9.15%
家賃／年	－	－	－	1,100万	1,045万	990万	990万
新築購入者融資年数	－	－	－	20～25年	15～20年	10～15年	10～15年

※新購入者の融資年数は、銀行により異なるため著者が体感する一般的な銀行の平均値に基づきます
※不動産投資 No1 ポータルサイト楽待にて以下の条件で検索した事例
・融資 20,000 万円（土地・建物）、利回り 5.5%、金利 2.0%、融資期間 27 年、東京都板橋区、家賃下落率 5 年で 5%（10 年後以降は固定）

ポイント

（点線枠）次の購入者が買いやすい期間（融資期間が長い時期）
→新築は中古に比べ、売りやすい期間が長い！

（実線枠）新築購入と中古購入では同じ築年数時の残債利回りが異なる
→新築から保有して長期保有後に売却すると売却益も大きい！

8

なぜ中古から新築不動産投資へとシフトしたのか？

筆者もかつては中古物件に投資をしていたのですが、アベノミクスで物件価格が上昇していた2015年頃から、なかなか良い中古物件に巡り合えず、また築年数が古い物件に長期間融資する銀行探しに苦戦していました。

最初に融資してもらった都銀Bに次物件の相談をすると「今は、新築は融資しやすい」という話を聞き、新築不動産投資もチャレンジしてみようと思うようになりました。

そこで見つけたのが冒頭の16ページの物件一覧の千葉の物件（4棟目）です。「建売新築」だと思ったのですが、よくよく中身を見たら「土地先行の条件付き新築」でした。

ここで問題が生じます。当初は満室表面利回り9・15％と聞いていたものが、当初の想定レントロールでは全く満室にならず、最終的には家賃を下げたので利回り8・1％になってしまいました。

投資エリアもよくわかっておらず「千葉県の主要都市だからまあ大丈夫」とタカを括っていたことと、手がけた不動産業者だけでなく同様の企画（1R）のアパートが周辺にガンガン建てられ需要＜供給となってしまい1R家賃相場が下がったことです。

また今後、少子高齢化や人口減に伴う空室リスクに備えるためには、「家賃単価を上げる（維持できる）」ことと、「入居率を上げる」の2つが必須なので、投資エリアの事前調査は本当に重要です。私が前述した失敗をそのまま経験したわけです。それを踏まえて次の決断をしました。

・業者にレントロール（家賃査定）を任せたことの反省
・新築の流れは理解したので、今後は自分でやる（土地から新築企画へステップアップ）

なお、そんな紆余曲折を経験した上でも新築を保有して次の3点を実感しました。

・安定したインカムゲイン（家賃収入）を得られる

一度入居すればなかなか出ていきません。また家賃が中古より高いため、仲介成約時の広告費も高く、客付け業者の気合いが違います。新築の客付け力は強いと思いました。

・長期かつ低金利の融資が受けられる

この時の新築は劣化対策等級2級を取得し、融資期間30年、金利は1%半です。中古物件の場合は2~3%台でしたので、新築は低金利の融資を受けやすいことがよく分かりました。また、新築であれば中古よりも融資期間を長くとることができます。

・修繕経費の最小化が実現可能

中古物件では退去のたびに何かが壊れていることも多く、貸せるレベルに原状回復するにはクロス・床材のリフォームまでが必要でした。修繕コストも10万円を超すことはザラで、コスト削減するためにDIYもやっていました。新築は建つまで時間をかなり費やしますが、建ててしまったあとは設備も新しいため、クリーニング以外のコスト・手間はほぼかからないのでとても楽でした。

9 中古より低い利回りでも新築に投資する理由

新築不動産投資なら、出口戦略も有利に立てることができます。

2023年に新築物件を売却した一例（16ページの5棟目）では、木造のアパートで約4000万円を超える売却益を得られました。

竣工してまだ5年ほどでしたので、すぐに売る気はなく、相場よりも高い値段で売りに出していたのですが、売りに出して半年もしないうちに買い手候補が現れたので驚きました。

新築は大きな売却益を生みます。中古より低い利回りの新築でも十分に利益（インカム＋キャピタルの二刀流）を出すことができるので、中古より低い利回りでも新築に投資する意味があるのです。

10 建築会社の大倒産時代が到来!?

ここまで新築不動産投資のメリットとデメリットを紹介しましたが、近年では新築投資の普及と共にさまざまなトラブルも起こっています。第1章の最後に、新築不動産投資での最大のリスクである「建築会社の倒産トラブル」について紹介します。

まず新築不動産投資の世界で何が起こっているのか認識しましょう。

コロナ禍で非常に苦しい資金繰りだった建築会社も、審査の緩いコロナ融資のおかげで、いったん運転資金を得て存続することができていました。

こうした会社は、実はゾンビみたいに無理やり生き延びている状態です。本当は倒産してもおかしくない状態なのに、ジャブジャブ融資で何とか息継ぎができている企業がたくさんあったのです。

それがだんだん表面化していくのが2022年。もともとから資金繰りが苦しかったのに、建材高騰《こうとう》や人件費高騰も加速したため、ダブルパンチを受けてこれからももっと破綻する会社が増えていきます。

建築業界で流行っている言葉に「負け請け」という言葉があります。２０２３年のユービーエム（ＵＢＭ）破綻は大きな影響を与えましたが、あくまで発端だっただけで、中小の建築会社がどんどん倒れていきます。２０２４年3月には暁建設、住宅王が破綻していますが、表面化していない破産・倒産は、実はたくさんあるのです。

建築費用の高騰の理由は複合的です。コロナ禍の経済疲弊だけでなく、特にウクライナ情勢も大きな影響を与えています。日本は輸入国家なので、基本的に海外から建材を加工して日本で使っています。資材や建材の高騰はどうしようもありません。

それから建築業界の人材不足も深刻です。高齢化により働ける職人が減って、人件費が上がっています。

さらに働き方改革もあります。建築業界に週休2日制が導入されました。働く時間が短いけれど給料は下げられず（むしろ上昇傾向）、工期がさらに延びるわけで、労働環境は改善されてコスト増になるのが今後のトレンドです。

第2章

新築不動産投資サバイバル【業界研究編】

～業界構造と慣習を知ろう～

11 あなたが依頼しようとしている建築会社は大丈夫？

第2章では「新築不動産投資サバイバル【業界研究編】」と題して、業界の構造と慣習を学んでいただく内容になっています。

本題に入る前に、読者の皆さんに見ていただきたいのは「2020年に破産したUBMがどのようにして経営不振に陥っていったのか」です。

不動産投資の業界では大きな話題となり、被害を受けた方も多くいらっしゃいましたが、ご存じのない初心者へ説明しますと、収益RCマンションの企画・販売・施工で急拡大していたUBMがある日突然、工事ストップ。73件もの現場があったことで大混乱が生じました。

現場担当レベルでは連絡がとれたケースもありましたが、責任者は不在で、社長が雲隠れしたという噂も立ちました。結局のところ、UBMは2023年2月に破産。中途半端な建築現場だけが残りました。

私も同様の経験をしていますが、建築途中での工事の頓挫は緊急事態です。とくに新築RC造のリカバリーは難しく、大きな金額の損失が発生するため、今でも苦しんでいる方がいらっしゃいます。

UBM破綻を振り返り考察することで、業界の構造や慣習を知っていただき、こういった最悪の事態を避ける術を身につけてください。

【UBM破産―決算の考察】

2018年　債務の支払いに懸念なし。
2020年　未成工事支出金、未成工事受入金が急増。不動産投資家からの契約金の入金が資金繰りを支えた。
2021年　業容急拡大の軋みが決算書に表れ始めている（未成工事支出金が増加）。
2022年　様相が一変。この年は未成工事受入金が半減し、未成工事支出金が増加。赤字工事や支払いサイトの長期化が疑われる状況に。
2023年1月31日以降　不動産投資家のLINEグループやX（旧Twitter）などで、社長が雲隠れしたなどの噂が複数人から急に飛び交い始めた（下請や納入業者との連絡が取れなくなったことで、不動産投資家が情報をキャッチした）。

２０２３年２月６日　破産を申請。現場の工事が一斉にストップし、大混乱が生じる。

【UBM破産―原因の考察】

⬇結果

73件の工事がストップ。一般債権者１７４名、負債総額18億４１６１万円。

⬇原因

・建築費高騰で損失増加

ウクライナ戦争などでＲＣ用資材が急騰、もともと建築資材自体が値上り基調だったため利益予算を圧迫しました。また、職人（技能労働者）も１９９７年をピークに減少し続けており、働いている職人に多くの仕事が集中していて人件費も高騰しているという状況に陥っています。つまり、建築資材＋人件費のダブルパンチが打撃を与えました。

・赤字工事の受注で資金繰り悪化

負け請け（請負契約を結んだ瞬間に負ける＝赤字となることから建築業界で流行った言葉）をしており、前述の建築費高騰によって資金繰りが悪化したからこそ、手持ち資金を増やし何とか問題を先送りするためにも、さらに無理な値引きをして受注を繰り返していました。

・無担保資金調達ができず

ここまで記した問題先送りのつじつまを合わせられるように、借入（運転資金）をしようとしたができず破綻が確定となったのです。

・業容急拡大の軋み

同時に手がける現場数が急激に増大すると、質の悪い下請会社も入り、施工管理が困難に。施工管理＝工程管理＝コスト管理であり、この急拡大は経営を急速に悪化させています。

建築会社の典型的な破産パターンまとめ

もっとも多いパターンは赤字工事を受注して資金繰りが悪化することです。将来の資金繰りに苦しいときこそ、積極的に破格の値段でも受注しようとすることに注意しなければいけません（契約金が目当て＝それで資金繰りをなんとか先延ばししようとする）。

ついで、業要求拡大による軋みです。もともとは良い建築会社（信頼できる下請会社と限られたキャパシティの範囲では質も納期も守れていた）だったのに、急激に受注を拡大すると途端に悪い会社になることがあります。

信頼できる下請会社の処理能力だけでは受注を処理できず、新しい下請会社を探し始めますが、新しい下請会社が予定通りの予算でできず、納期を遅延したり、最悪は破綻したりすることで元請である建築会社がその負担を連鎖的に受けるケースが増えます。

結論。UBMは他人事ではない。第2のUBMは実はあなたの建築会社かも！

12 建築・不動産業界は致命的トラブルがたくさん

考察したところ、これはUBM単体のことではなくて、全建築会社に共通する事例でした。UBM以外にも、TATERUやスルガなど、ほかの事例でも新築不動産投資において危ない事案が多くあります。

過去に起きた不動産会社のトラブル

・TATERUの融資資料改ざん問題
アパートの施工・管理を手がけるTATERUが2015～2018年の宅地売却336件で、預金残高などを記した顧客の融資資料を水増しするなど改ざんし、営業部長ら31人が金融機関から不正に融資を引き出させました。国交省はこれらが業務停止命令の理由となる「宅建業に関し不正または著しく不当な行為」に当たると判断しました。

・スルガの融資資料改ざん・かぼちゃの馬車問題
2018年当時、新築シェアハウス「かぼちゃの馬車」を販売していたスマートデイズのサブリース事業が破綻。物件オーナーへのサブリース賃料（定額の家賃）が未払いとなり、新築シェアハウスを購入したオーナーが返済困難に陥りました。

また、かぼちゃの馬車へ融資を行ったスルガ銀行で多数の不正が発覚し、２０１８年10月、スルガ銀行は金融庁から業務改善命令を受けました。

13 不動産会社関連の典型的なトラブルパターン

不正問題はこれだけではありません。ニュースで報道されない小さなトラブルは無数にあります。くれぐれも性善説で業者を信用しすぎてはいけません。ここからはいわゆる「よくある」典型的なトラブルを紹介しましょう。

融資資料改ざんでの融資一括返済

融資資料改ざんにはいくつか種類があります。もっとも多いのは預金の水増しで、通帳の数字を後から加工して、預金を多くあるように見せかけたものです。その他にも給与収入のエビデンスである源泉徴収票の数字を改ざんするケースもありました。

融資資料の改ざんは投資家自ら行うのではなく、不動産業者や新築不動産を販売する業者が行なっていました（ひどいケースでは無断で行っている）。

こうして無理やりに近い形で物件を買うことで得られるものは、月数十万円のキャッシュフロー（CF）ですが、発覚したら信頼を失い、融資の一括返済を求められ、人生が破綻しかねません。

建築プラン付き新築で「破綻予備軍の建築会社」とセット販売

建築プラン付き新築でのセット販売では、不動産業者が善意・悪意どちらかわからずに建築プラン付き土地をセットで販売しているケースがあります。不動産業者は基本的には土地を仲介・販売することで収益を上げますが、建築プラン付き新築では紹介する建築会社から営業代行料・バックマージンなどをもらうことで案件の収益性を高めています。ここが恐ろしいポイントです。

破綻予備軍の建築会社や悪意ある建築会社は仕事欲しさに、通常よりも大きな営業代行料・バックマージンを提示し不動産業者を味方につけるのです。仮に紹介された建築会社とのトラブルがあっても、基本的に不動産業者は土地を販売・仲介しただけの立場としてノータッチの姿勢となります。

ですから、性善説で不動産業者を信用しすぎてはいけません。不動産業者は最後の建築まで責任を持ってくれるとは限りません。必ず最後は自分の判断が必要です。

14

過去に起きた建築会社のトラブル

その他にも建築会社による欠陥住宅のトラブルがあります。新築物件そのものに重大な瑕疵が発覚して大問題となったケース、実際に被害者が出てしまったケースなどがあります。

レオパレス21のアパート界壁違法建築

2018年に発覚したレオパレス21の施工不備問題。これまでに判明している施工不備は同社の建築したアパート7万4532戸にのぼると発表されています。施工不備の内容は、界壁・天井・界壁内充填《じゅうてん》部材および外壁構成の相違・界壁の耐火構造の不備の4種類もあります。

どの箇所も目視ではわかりません。建築に無知だと知らぬ間に、不良不動産を抱え込むことになり、性善説神話は崩壊し、安心できないということを思い知らされた事件です。

この事件の影響でレオパレス21の手がけた新築物件の資産価値が毀損、発覚から賃貸での入居率は激減して、また売買でも割安にしか売れなくなりました。

則武地所のアパート階段崩落

２０２１年４月に東京都八王子市のアパートで、階段が崩落し、住民が転落死する事故が発生しました。階段崩落の原因は、鉄製の屋外階段を木製の部材で支えるような、通常ではありえない構造になっていたことにあります。重さを支えていた木製の部材が雨により腐食し、階段が崩落したのだと思われます。

当該物件の施工を請け負っていた則武地所は同年５月13日に自己破産を申請、同19日には横浜地裁から破産手続き開始の決定を受けています。

施工不備といっても今回のように入居者が怪我・死亡したりすれば、所有者である大家には所有者責任として刑事責任の疑いをかけられることになります。火災保険の施設賠償責任保険は民事責任の「金」の解決だけであり、刑事責任の「罪」の解決を保証するものではありません。

もちろん資産価値が毀損されます。事件の発覚から賃貸での入居率は激減し、また売買でも割安にしか売れなくなりました。則武地所は破産したため、損害賠償請求すらできない状況に陥りました。

15

不動産投資は事業。リスク管理×予防できる！

みなさんは「投機」「投資」「事業」それぞれの違いと、なぜ区分所有・一棟物件などの物件種別を問わず、保有し家賃収入をもらう「不動産投資」が「事業」に該当するのか理由がわかりますか？

世間では「不動産投資」と言っているのに、「不動産投資が事業」だなんて不思議に思われる方も多いでしょう。その違いがわからないと、不動産投資成功の再現性は遠のいてしまいます。ここでしっかり理解してください。

投機・投資・事業の違いを知ろう

「投機」とは、ギャンブルに近い投資です。機関投資家や超大手企業トレーダーの「プロ」ですら、次の瞬間を正確に予測できないもの。巷では投資と名付けていますが、それは投機です。投機の世界において弱小中の弱小の我々が、プロに勝てる可能性は非常に低いでしょう。また、運よく一時的に勝てたとしても「勝ち続け、どこか利益が最大化したら止めて、二度とやらない」ことが困難です。

イメージとしては、一発狙いの博打や取引差益を大きく狙う投資が該当し、勝つか負けるかの世界。時間軸は短期で、リスク&リターンは運次第。プレイヤーの結果への関与度は非常に低く、まったく関与できないケースも多いです。

代表的な投機は、信用取引での株式投資、株式投資（テクニカル）、先物取引、仮想通貨、FX、値上がり期待だけのマンション投資などがあります。

続いて「投資」は、権利確定（購入）までの選定でしかリスク管理ができないなど影響範囲が限定されています。つまり、その購入後のリターンは委託先の運営者次第ということになります。また多くの投資は「時間」によって投資効果を上げていきます。ポートフォリオの一部に組み込むのは良いですが、「早くサラリーマンを辞めてFIREしたい」など短時間で資産や収入を増やしたい人には不向きです。

じっくり育てる（権利配当・複利）イメージで、時間軸は中期から長期。リスク&リターンは自分で選ぶことができます。結果への関与度は「投機よりも関わりがあり、事業よりは関わりがない」という中レベルです。

代表的な投資は現物での株式投資、株式投資（ファンダメンタル）、インデックス投資、投資信託（不動産ならREIT）、債権、高金利の定期預金などです。

投機・投資・事業の違いとは？

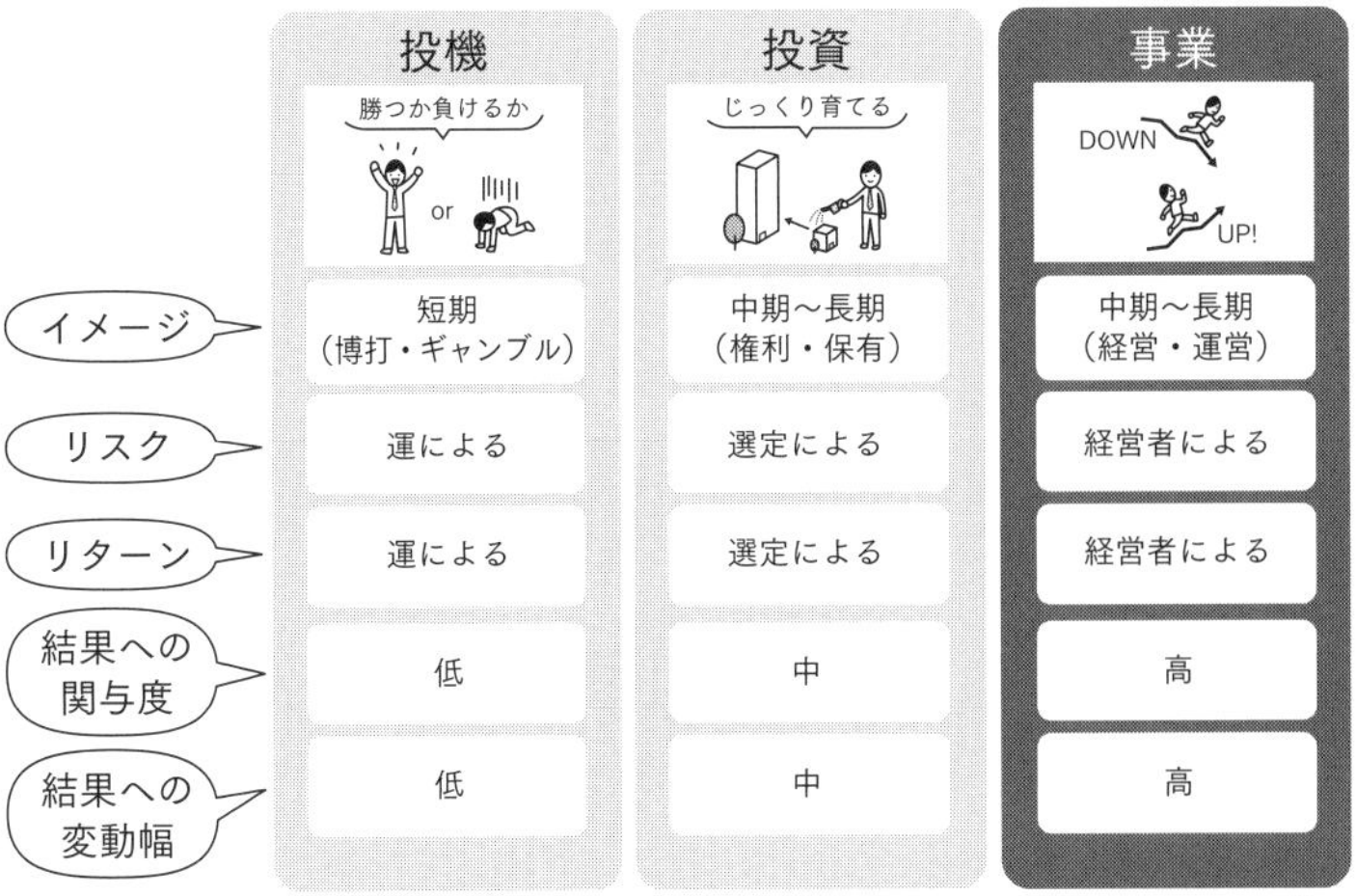

最後の「事業」は不動産投資（＝不動産賃貸業）にふさわしい領域です。物件の選定から資金調達（銀行融資）、物件の商品化（購入に貸し出すまでの修繕）、運営（賃貸管理）まであらゆる領域に、影響範囲を及ぼすことができます。

つまり、リスクもリターンも全ては経営者次第です。ただ、事業の面白いところは学びや努力によって「リスクを最小化」し「リターンを最大化」ができること。自由を謳歌している有名な不動産投資家も最初は、皆ズブの素人だったのです。私も素人の貯金300万円の元手からでしたが、10年で純資産3・5億円と120倍近くへ拡大させることができました。

事業のイメージはリスクもリターンも青天井ですが、学ぶ&努力でリスク最小化・リターン最大化（改善改良・仕組み化）が可能です。時間軸は中期から長期となり、リスク&リターンは経営者（＝大家）次第。結果への関与度も非常に高いです。

代表的な事業としては、家賃収入を目的とした不動産賃貸事業（区分・一棟・転貸問わず、住居、事務所、店舗、倉庫など）、民泊、レンタルスペース、トランクルーム、コインランドリー、店舗経営、通販などの事業経営と多岐にわたります。

新築不動産投資 VS 中古不動産投資のリスク・リターン比較

まず、「新築不動産投資」と「中古不動産投資」のリスク・リターンを比較してみましょう（80ページにマトリクス表としてもまとめてます）。

中古不動産投資のリスク・リターン度は、入居者・修繕・権利関係に問題のない物件を割安に購入できれば低リスク・高リターンです。ついで中古物件を市場価格で取引（相場で購入）できれば中リスク・中リターンとなります。市場価格よりも高い取引（高値掴み）をしてしまうと、高リスク・低リターンです。

もっとも避けたいのは入居者・修繕・権利関係に問題のある物件を割高で買っていること。これぞ高リスク・低リターンの「不動産業者の養分」といわれる状態です。

ただし、本書の読者のように、書籍で知識をつけて購入すれば、最悪のケースになることはありませんのでご安心ください。

続いては新築不動産投資のリスク・リターン度です。

まず高リターンが見込めるのが土地から新築を中小の建築会社に依頼した場合です。なぜ、中小の建築会社かといえば、大手の建築会社に比べて建築コストが低いからです。ただし、コストが低い分だけ破綻の可能性が上がるため高リスクとなります。

高リターンの次点となるのが、土地から新築のプラン付で中小の建築会社に依頼した場合です。この場合もリスクは同程度となります。

低リスクを求めるのであれば、土地から新築（大手建築会社）、土地から新築のプラン付（大手建築会社）に依頼しますが、リターンは低くなります。基本的には建売以外のすべての手法は「無事に竣工できるか」というのが最大のリスクです。そして、リスク度が高いほどリターンが大きくなります。

新築不動産投資 vs 金融投資リスク・リターン比較

株やFXなどは短期で増えたり減ったりする可能性があり、場合によっては大損をすることもあります。

特に80ページのマトリクス表の右上にあるFX、先物取引、仮想通貨、株の信用取引は高リスク投資（投機）です。株の現物投資、債券、投資信託、インデックス投資は中リスク・中リターンですが、利益を出すためには大きな資金が必要です。

一方、新築不動産投資に限らず不動産投資には「土地・建物」という現物があります。不動産投資では家賃が急に何倍にもならない代わりに、いきなり家賃収入が0円になる可能性も圧倒的に低い（価格硬直性がある）のが特徴です。

新築不動産投資のリスク最小化、リターン最大化の方法

不動産投資（＝賃貸業）は、学びや努力による変動幅が大きいです。繰り返しになりますが、不動産投資において「知らない」ことが致命傷になりかねません。

巷には無料の情報はあふれていますが、膨大な情報を取捨選択する能力も必須です。新築不動産投資を行うのであれば、自分にとって必要な情報を見極める目から養っていきましょう。

どのようにリスクを下げるのか、その予防のためのノウハウは第3章を参考にしてください。またリターンを最大化させる新築投資の手法は、80ページのマトリクス表にある「建売新築」「建築プラン付き」「土地から新築」の3種類があります。

詳しくは第5章にて解説していますが、「土地から新築」にも「設計・施工一体」と「設計・施工分離」「設計・施工+CM)」があります。少し難しい内容になりますが、読み進めていただけたら幸いです。

ここまで不動産投資を俯瞰して紹介しました。次項からは、新築不動産投資のさらなる深みを詳しくご紹介します。

不動産投資と金融投資のリターン・リスクの対比

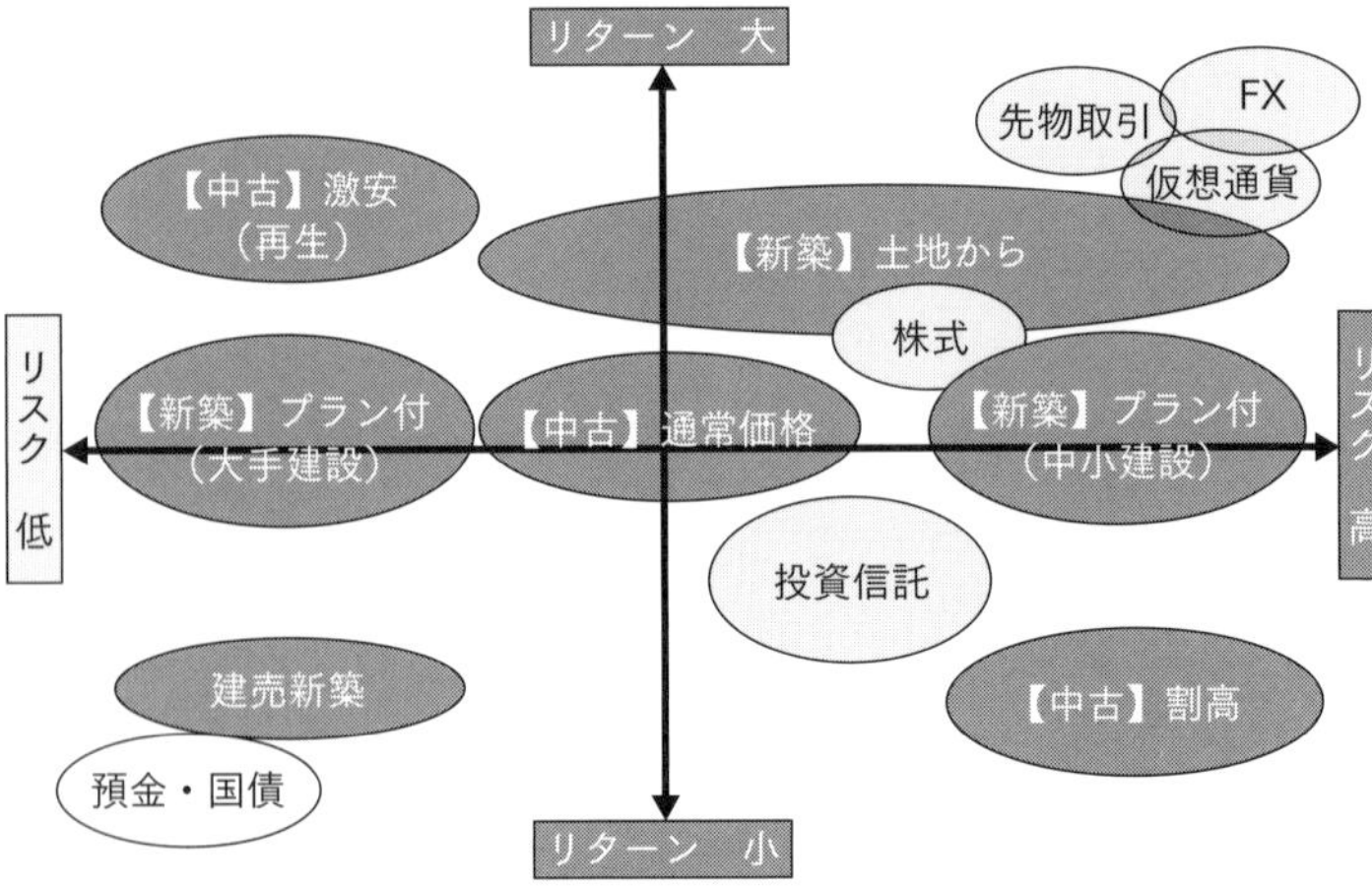

不動産投資と金融投資の変動幅・関与度の対比

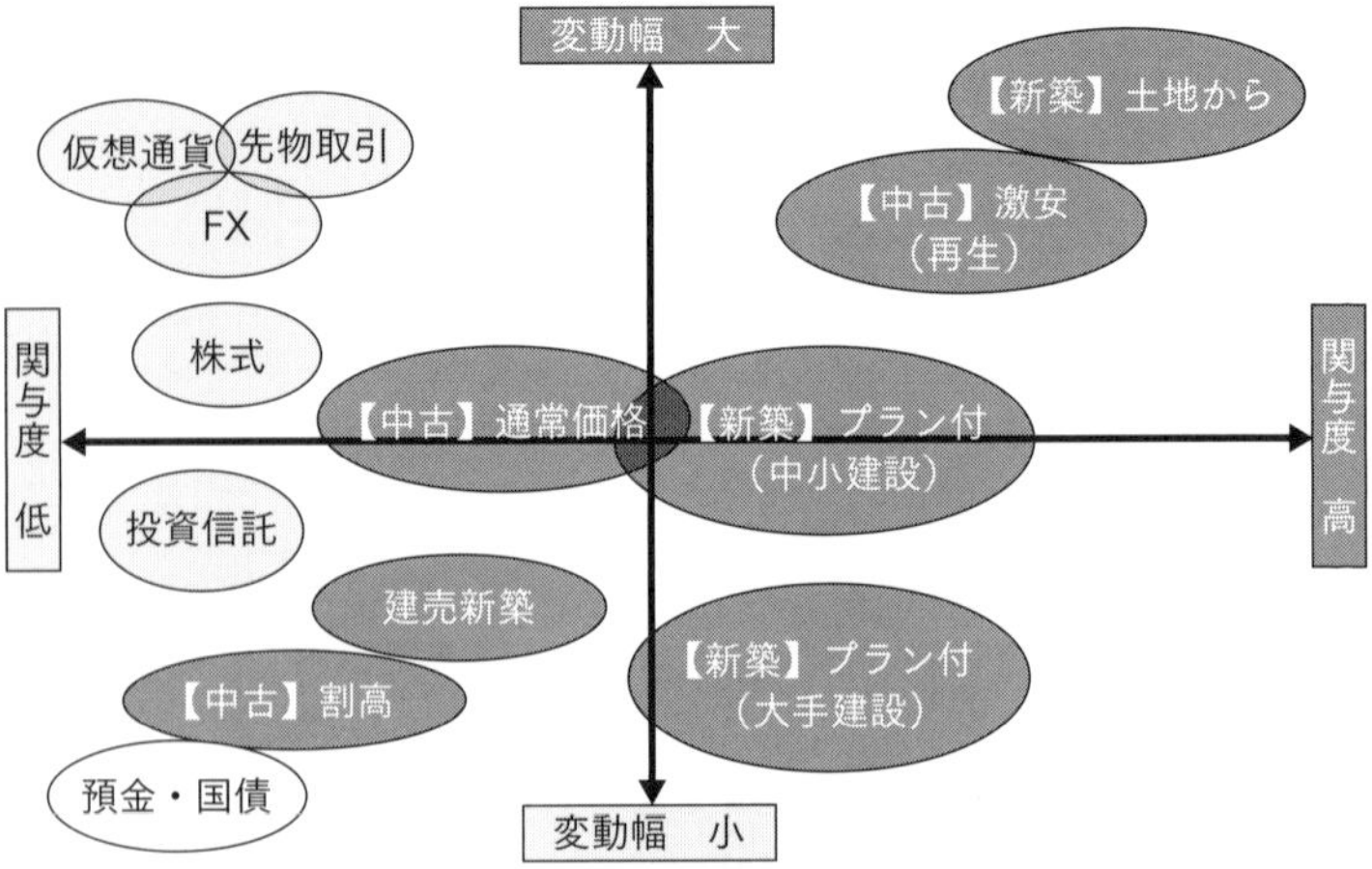

16 悪質or良質な会社を見分けるポイントとは？

新築不動産投資を行うにあたり、悪質な会社、良質な会社の見分け方を解説しましょう。

悪質な建築会社の特徴

悪質な建築会社の担当者は約束を破ります。「すぐやります」と軽く返答したり、聞いたことにきちんと答えてくれなかったりします。きちんとした会社は段階と根拠を説明してくれるものです。その他、悪質な会社の特徴を次にまとめましたのでご確認ください。

- ネット検索や仕事での関係者繋がりで悪い噂が簡単に見つかる
- 業歴が浅く、実績がない。ネットで仕事を積極的に募集しているところは注意
- 銀行との取引が少ない、または取引銀行を開示していない
- 経歴詐称が常態化している（建築士会館などで調べたら建築士ですらなかったなど）
- 反社or犯罪者がいる。反社でないが元犯罪者などが入っているケース（外国人で日本に来て好きな名前を名乗っていたなど）、代表が名前貸しで実体がなく、表に出てくる人

が反社・犯罪者の場合もある。警察で5年以内の処分履歴を調べられる（会社の名前、関わっている人）

この次の項目については、現場訪問で職人や施工管理担当者に話を聞くとわかることです。「応援なんで」「よく知らない」という返答があれば、疑ったほうがいいでしょう。

・職人を抱えているとハッタリを言いながら、実はいないケースが多く、現場職人に元請へのロイヤリティがない
・社内に現場を統括する建築士or施工管理技士がいない（施工管理が外注だけの場合）ため、実際の現場実態を把握できていない

トラブル歴がある建築会社を見抜くには？

過去に指示処分・業務停止処分の履歴がある建築会社を検索します。コンプライアンス違反をした建築会社は、国土交通大臣・都道府県知事から監督処分がなされます。

監督処分の内容は、「指示処分・営業停止処分・免許」の取消処分の3つに分けられます。このような処分履歴がある建築会社を、誰でも簡単に検索できるサイトが存在します。

1. 都道府県知事が行った監督処分情報サイト

https://www.metro.tokyo.lg.jp/tosei/hodohappyo/press/2024/03/29/31.html
(東京都)

都道府県（知事）が建築会社に対して行った処分などを掲載しています。都道府県ごとにHPがあり、処分を受けた年月日や処分の種類、違反行為の内容を調べられます。

2. 国土交通省ネガティブ情報等検索サイト

https://www.mlit.go.jp/nega-inf/cgi-bin/search.cgi?jigyoubunya=kensetugyousya

国土交通大臣や各地方整備局長などが宅地建物取引業者に対して行った処分などを掲載しています。処分を受けた年月日や、処分の種類、違反行為の内容を調べることができます。次に前述のサイトを使い、どのように処分履歴の有無を調べるのかを説明します。

処分履歴の検索方法

処分履歴を検索する場合には、確認したい建築会社の名称を確認しましょう。会社概要にある「許可番号」の項目にある許可番号を確認します。例としては「東京都知事（般－01）第123456789号」というような番号が記載されています。

次の手順で直近5年以内の処分履歴が表示されます。記載がなければ直近5年以内の処分履歴はないと判断できます。ぜひ、お付き合いを検討している建築会社がある方はこの方法で処分履歴を調べてみてください。

【処分履歴の検索】

1.「国土交通省ネガティブ情報等検索」をクリック
2.「建設工事」カテゴリーの「建設業者」をクリック
3.「称号、代表者名、所在地」などを入力し、検索

悪質な不動産業者の特徴

続いて悪質な不動産業者です。わかりやすいのは売り急ぐような売り方をする会社です。利回りなどの数字がかなり盛られたハッタリが多く（レントロール誇張）、買い手がいな

いにもかかわらず、虚実をないまぜた話を出して焦らせてくるなどの手口を使います。次にその特徴をまとめましたのでご確認ください。

・ネット検索や不動産投資家繋がりなどで悪い噂が簡単に見つかる
・業歴が浅く、実績がない。サンタメ取引（※）がやたら多く、パッと見た目は華やかでバブリーで礼儀正しい雰囲気（見かけしか作れない）
・銀行との取引が少ない。もしくは開示していない
・銀行で出禁が結構ある（その不動産業者が仲介の場合、融資不可など）。過去に融資資料の偽装（2重売買契約、金融資産エビデンス偽装）などをしている可能性が高い

最後の特徴に関しては、直接その不動産業者に「避けたほうが良い金融機関などありますか？」などと聞くと結構素直に教えてくれますので、「避ける金融機関＝出禁の金融機関」という判断もできます。

※サンタメ取引とは
「第三者のための取引」を略したもので「中間省略」「他人物売買」とも呼ばれる。AがBに売

却した後にBからCへ転売する際、本来なら「A↓B↓C」と所有権移転登記をするが、それをせず「A↓C」に直接所有権移転をすること。真面目な業者でも使う取引です。

トラブル歴がある不動産会社を見抜くには？

過去に指示処分・業務停止処分の履歴がないか不動産会社を検索しましょう。宅建業者や宅地建物取引士が、建築基準法違反や誇大広告などで宅建業法違反をした場合は、国土交通大臣・都道府県知事から監督処分がなされます。監督処分の内容は、「指示処分・営業停止処分・免許の取消処分」の３つに分けられます。

このような処分履歴がある不動産会社を、誰でも簡単に検索できるサイトが存在します。

1. 都道府県知事が行った監督処分情報サイト

https://www.metro.tokyo.lg.jp/tosei/hodohappyo/press/2023/03/29/12.html

（東京都）

都道府県（知事）が、宅地建物取引業者に対して行った処分などを掲載しています。処分を受けた年月日や、処分の種類、違反行為の内容を調べることができます。都道府県ごとにＨＰがあります。

2. 国土交通省ネガティブ情報等検索サイト

https://www.mlit.go.jp/nega-inf/cgi-bin/search.cgi?jigyoubunya=takuti

国土交通大臣や各地方整備局長などが宅地建物取引業者に対して行った処分を掲載しています。処分を受けた年月日や処分の種類、違反行為の内容を調べることができます。

次にこれらのサイトを使い、どのように処分履歴の有無を調べるのかを説明します。

処分履歴を検索する前に確認すること

・確認したい不動産会社の名称を確認する
・会社概要にある「登録免許」「許可免許」の項目にある免許番号を確認する
例：東京都知事（1）第123456789号／国土交通大臣（1）第123456789号

処分履歴の検索方法は次の通りとなります。

【免許が都道府県知事である場合】

1．「都道府県知事が行った監督処分情報」をクリック

2．調べたい不動産会社の本店所在地をクリック

直近5年以内の処分履歴が表示されます。記載がなければ直近5年以内の処分履歴はないと判断できます。

【免許が国土交通大臣免許である場合】

1．「国土交通省ネガティブ情報等検索」をクリック

2．「不動産の売買・管理」をクリック

3．「称号、代表者名、所在地」を入力し、検索。直近5年以内の処分履歴が表示されます。記載がなければ直近5年以内の処分履歴はないと判断できます。

ぜひ、お付き合いを検討している不動産会社がある方はこの方法で処分履歴を調べてみてください。業界構造と慣習を理解いただいたところで、次の章からは業者ごとに発生するトラブルを学びましょう。

第3章

新築不動産投資のトラブル大全

17 新築不動産投資を取り巻くトラブル

第3章では、新築不動産投資で対峙する業者を含めた関係者との間に想定されるトラブルについて解説します。

孫子の兵法には「敵を知り、己を知れば百戦危うからず」という有名な言葉があります。これを解釈すると、「戦いに勝ちたいと思うなら、まず相手を理解することが必要です。相手を研究し、自分の強みや弱みを理解すれば、どんな戦いでも勝つことができる」という意味があります。理解することで敵が、味方になることもあります。

不動産投資家を取り巻くトラブルの〝関係者〟（敵）は、「銀行」「隣地」「不動産会社」「建築士」「建築会社」です。

トラブルで対峙する関係者が、それぞれ投資家にとってどんな存在なのか。気を付けるべきポイント、思考・行動特性、特徴的なコメントから、リスク度、想定されるトラブル詳細などをまとめました。

リスク判定表（リスク＝影響×頻度）

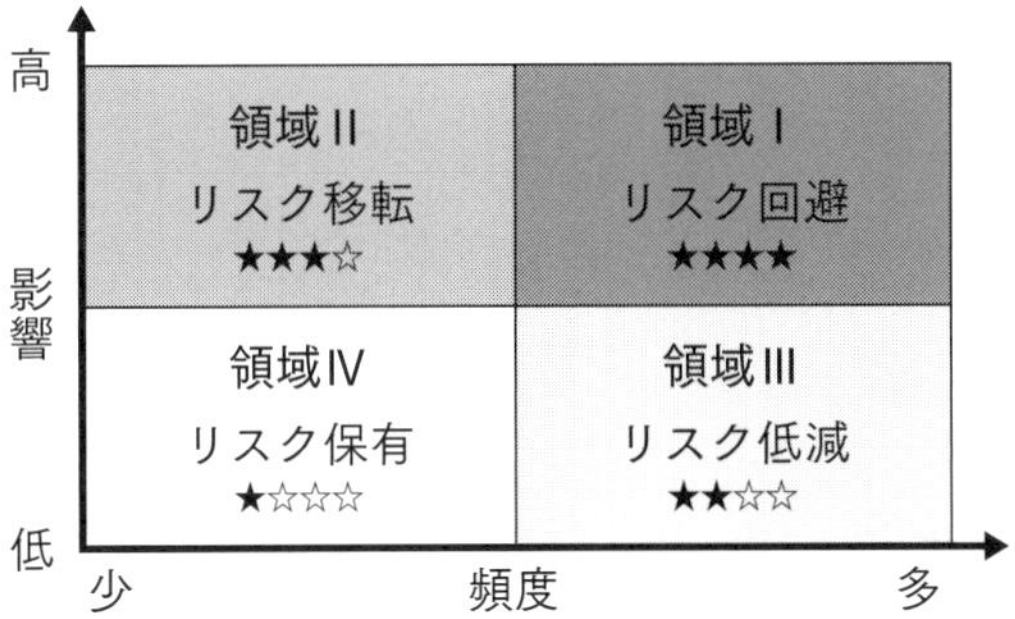

【リスク判定ごとの説明一覧】

リスク領域	リスク判定	リスク判定の説明	影響	頻度	リスク（影響×頻度）	備考
1	リスク回避	リスクの原因になるものを取り除く	高	多	★★★★	絶対に避ける
2	リスク移転	リスク結果や責任を第３者へ移す	高	少	★★★☆	知識習得で移転回避
3	リスク低減	リスクを受容できるレベルに低減	低	多	★★☆☆	知識習得・事前準備で低減
4	リスク保有	リスクを確認した上で受容する	低	少	★☆☆☆	当然あるものと理解

不動産投資では無知は罪であり、情弱はとにかくひどい目に合わされます。とくに新築不動産投資では取り返しのつかない事態になりかねませんので、関係者についてしっかり知ってトラブルを避けていただきたいです。

銀行

「信用が全て、信用をお金に換金する場所」

▼どんな存在？

・融資によるレバレッジの中心的役割

レバレッジとは、借入れを通じて自己資金を超える投資を行うことを指します。特に新築不動産投資においては大きな金額になりやすいため高額資本が必要であり、多くの大家が自己資金だけで全てを賄うのは難しいです。

銀行からの融資の利用でレバレッジをかけ、大家は限られた自己資金で、その何倍もの大きな金額の不動産投資を実現できます。また頭金を抑え、手元の現金を温存するのは規模拡大にも不可欠であり、トラブルに対する備えとしても重要です（トラブルが起こってからでは追加で融資を受けるのは難しくなります）。

▼気をつけるべきポイント

・優秀かどうかの判別ヒント

優秀な銀行員はできることとできないことをハッキリ明

示し、どのような条件を満たせれば銀行内で稟議を通せる可能性が高くなるか具体的なヒントをくれます。また大家が自己資金をあまり使わずに済みつつも、収益が生まれるような融資条件の選択肢を提案できます。

・銀行員の複雑な立場を理解する（上下関係は絶対、ノルマはきつい、でもコンプラはもっときつい）

融資と商品販売（投資信託、クレジットカード契約）などの抱き合わせ販売禁止、優越的地位の濫用の禁止など、彼らは独占禁止法や銀行法などルールにがんじがらめの営業マンです。ただし、こちらからノルマを聞き出し、提案をするのはルール違反になりません。win-winを提案しましょう。サラリーマンとしての企業内立場（対上司、対銀行内）も考慮します（『半沢直樹』のドラマを見ればその人間関係のしんどさがわかるでしょう）。

・大家≠不動産投資家、大家＝不動産賃貸事業者である自覚を持とう

不動産投資などの言葉が書籍、大家さんの集まる会（いわゆる大家会。不動産投資家向けのコミュニティ）の間でも通例になっていることもあり、銀行員の前でも「不動産投資」と言葉に出してしまいそうになりますが、彼らは大家を「賃貸事業者」として見ています。その自覚を持ちましょう。

▼思考・行動特性

・担保、保証が大好き

リスクを抑えるために担保を求めます。担保や保証があれば、融資が回収不能になった場合でも担保を実行し、損失を回収できるからです。不動産大家が銀行から融資を受ける際には、融資対象の物件や他の価値ある資産を担保（時に連帯保証人（個人・法人）だったり、所有している別物件だったり）として要求します。銀行員は担保となる物件の価値が借入額に対して十分かどうかを常に査定しています。

・安全が好き

銀行は資金を守る役割があり、そのため彼らは安全性の高い取引を好みます。大きいリスクで莫大なリターンより、小さいリスクで確実なリターンがよいのです。

投資先が確実にリターンを生み出し、融資した資金が確実に毎月返済されることが大好きです。新築不動産投資においては、立地の将来性・設定家賃の妥当性なども十分調査され、銀行員はそれを評価するため、銀行員→支店→本部と多くの審査時間を費やします。

・現金が好き（手元にあるお金、安定的にこれから入るお金）

手元に入ってくる確実なお金（CF）、手元にある確実なお金（現金）どちらも大好物です。1億円の現金資産と、1億円の投資信託資産ならノータイムで1億円の現金資産を選びます。銀行員は大家の流動性資産（現金）が最も重要な資産であると考えます。

つまり、大家が所有している不動産によって安定的にCFを生み出せるか、そのCFが融資利息および元金返済に十分なのかが評価対象となります（債務償還年数）。良好なCFは、融資の返済能力が高いことを示し、銀行員にとって融資の承認を出す際の安心材料となります。

銀行

建築費アップでピンチ！自己資金増額を食い止めろ

リスク判定
Ⅲリスク低減
影響×頻度
低×多
総合リスク
★★☆☆

建築費増額に起因する自己資金割合増額は一般的なトラブルですが、大家は銀行との関係管理において慎重に対応する必要があります。

▼トラブルの詳細解説

建築会社に大手や老舗のゼネコンを選ぶ場合、初期の契約金額で済むことが多く、建築費の予想外の上昇に対してある程度の安心感を提供します。ただ、大手や老舗は元々の見積もりが高めに設定されているため、全体のコストは上がる傾向にあります（新築不動産投資の利回り低下）。

一方で、中小零細の工務店に依頼すると、初期の見積もりは低いものの、プロジェクト進行中に建築費が上昇、または予算が甘く見積もられていたために、追加の費用が発生する可能性があります。ただ、当初予算で竣工まで進めば高い利回りを手にできます。

以上をまとめると、建物価格変動と建築費用削減はトレードオフになりやすいのです。

このトラブル発生時に対し、もし建築主の信用度が高い（例えば、取引銀行との信頼関係や保有資産が多い場合など）ならば、建築費増額分に対する融資の増額が可能です。

ただ、「全てがオーダーメイドである新築不動産は計画通りに進まない」というのが普通であると認識した上で、ある程度の現金を手元に確保しておくとよいでしょう。

▼具体的な予防策と対応策

資金計画の見直しと管理が必要です。建築費用が当初の見積もりを超えても、通常は銀行からの融資増額は期待できません。手元には、予定された建築費用の少なくとも10〜20％の流動性（すぐ動かせる）のある現金を確保するのが重要です。

プロジェクト開始前に銀行としっかりコミュニケーションを取り、銀行の建築費の増額幅／減額ポリシーを事前に確認し、その内容を記録に残しておくことで、後々のトラブルを避ける可能性が高まります。

一行集中型でメインバンク取引だけだと関係性は深くなり、融資条件では有利に働きますが、依存度は高くなり、その銀行とトラブルになった場合の危険度は高くなります。リスクを分散するには、複数銀行との関係を築くのも重要な戦略であり、複数のオプションを持つことで、一方が融資条件を厳しくした場合に、他の選択肢が選べるようになります。

銀行

工期延長で融資時期変更の交渉が必要に・・・

リスク判定
Ⅲリスク低減
影響×頻度
低×多
総合リスク
★★☆☆

新築不動産投資において工期延長は避けられないトラブルのひとつであり、特に中小零細の建築会社を使用する場合、このリスクは顕著になります。

▼トラブルの詳細解説

工期延長は中小零細の建築会社に依頼した場合、工期が予定通りに進まず、金利負担が増加する可能性が高くなります。このリスクは特に中小零細に建築依頼をする場合は常に起こりうるものと理解し、前提として受け入れます。

建築費の分割支払いのスケジュールは初期段階で余裕を持って銀行と調整しましょう。一度貸付が開始されてしまうと、変更交渉はややしにくくなるため、事前対応ができるならそれに越したことはありません。

一概に全てが建築会社の要因というわけではなく、コロナやウッドショックなど外部環境の変化による原因もあります。そういった場合は根拠を提示すれば、銀行内部での理解をしてもらいやすくなりますから日頃からアンテナを張っておきます。

▼具体的な予防策と対応策

工期延長リスクの度合いにより融資スケジュールに余裕を持たせましょう。例えば工務店が工期を12か月と見積もっている場合、銀行に対しては3〜6か月の余裕を持たせた、合計15〜18か月の融資スケジュールを申請します。

そうすればプロジェクトの進捗に応じてスケジュールを短縮するなど、不測の事態にも柔軟に対応できます。いったんスケジュールを設定した後での延長は問題になっても、短縮で問題になることはありません。

支払いスケジュールの交渉は銀行側の状況理解が必要です。銀行が交渉時点で融資においてどのようなスタンスを取っているか。融資モード（積極）か債権回収モード（消極）かを把握し、その情報を基に交渉を進めます。時期変更の回数が多くなるほど、銀行側の対応は硬化する傾向にあるため、計画段階での十分な準備が求められます。

外部環境要因の最新情報を掴んでおきます。日経新聞、全国賃貸住宅新聞、楽待新聞、建設産業新聞、リフォーム産業新聞などを、定期的にチェックして業界動向を把握します。大家仲間や建築関係の人との定期的な交流や情報交換も良いでしょう。

銀行

手形貸付と証書貸付の違いを把握すべし！

リスク判定	Ⅰリスク回避
影響×頻度	高×多
総合リスク	★★★★

新築不動産投資の建物建築中における資金調達はいくつかありますが、手形貸付は特に注意が必要な貸付取引形式です。これらの方式を何も理解しないまま建築トラブルが発生すると、時として大家に致命的な影響を及ぼすことがあります。

▼トラブルの詳細解説

多くの大家さんが特に理解もせず進めている最も危険なものが手形貸付です。知らずに手形貸付で建築中の人は、一括返済地獄への切符を手にしているのと同じです。建築中の融資など短期間で完結する場合に使われやすく、一見すると他の貸付形式と似ていますが、重大なリスクを持っています。手形が約束の期日を跨いで不渡りになると、その情報は全国の銀行システムに記録され、大家の信用情報に即座に影響を与えます。

さらに、その後の銀行取引が困難になるだけでなく、他の銀行からも突然の一括返済を求められる可能性が高まります。この状況は「クロスデフォルト」と呼ばれ、どれだけの不動産投資規模があるかにもかかわらず、大家を即座に致命的状況に追い込みます。

証書貸付でトラブルが発生した際には「裁判→権利確定（判決・和解）→債務名義取得→強制執行」という一連の法的手続きを経て資金回収されます。これは比較的時間がかかるプロセスであり、投資家にとっては多少の時間的猶予・交渉余地が生まれます。

▼具体的な予防策と対応策

竣工時には証書貸付が行われますが、建築中の資金調達方法には手形貸付or証書貸付orその両方が使われるケースがあり、さまざまです。

建築期間中がどの貸付形式であるかを正確に理解し、管理することが非常に重要です。特に融資打診時から要請を出し手形貸付は避ければ、一括返済リスクを軽減できます。銀行との貸付契約を結ぶ以前から、貸付形式を理解した上で最初から証書貸付形式の要請を行いましょう。

銀行員が銀行内慣習として手形貸付をしている場合もあり、貸付形態については消費者として知らなかったと被害者立場を取れません。事業経営者である自覚を持ち、常に理解し管理する必要があります。

銀行

まさに崖っぷち！期限の利益喪失（一括返済）

リスク判定

Ⅰリスク回避

影響×頻度

高×多

総合リスク

★★★★

不動産投資における期限の利益喪失……つまり融資金の一括返済は、大家にとって深刻な銀行トラブルのひとつです。このトラブルは、手形貸付の不渡り、法的紛争に起因する差押／仮差押、さらには意図しない反社会的勢力との取引など、複合的な問題が絡むため一概に発生率を予測することは困難です。

▼トラブルの詳細解説

人生／社会的存亡に関わるリスクの高さを理解しましょう。期限の利益喪失は、大家にとっては個人であれば自己破産、法人であれば倒産と、大家およびその家族を取り巻く人生に多大な困難を強いる重大な問題です。手形貸付における不渡り、法的紛争による銀行口座・不動産の差押・仮差押、また反社会的勢力との取引などが一括返済の発生トリガーとなりえます。

ケース別のリスク発生率は予測できません。これらの問題は予測が難しく、一度問題が起きるとその影響は計り知れず致命的なレベルになります。事後対応ではなく、事前の徹底した予防・回避対策が必要です。

一度でも期限の利益が喪失すると、融資金に対する通常の分割払いをする権利が失われ、残債一括返済が要求されるため、資金繰りに極めて大きな圧力がかかります。

▼具体的な予防策と対応策

新築不動産投資では常に手形貸付は避け、建築期間中は証書貸付を選択することが望ましいです。工事遅延、工務店倒産などトラブル発生時に銀行交渉が難航した際に、手形貸付中の銀行交渉不調での一括返済リスクを避けるため、借入打診段階で明確に証書貸付を希望することを銀行に伝えましょう。

差押、仮差押のリスク管理については、不動産賃貸業を行っている場合、通常は損害賠償請求の対象となることは少ないです（入居者への請求はあっても）。

ただ、他事業を同じ法人で運営していて取引先との紛争が起きた際には、債権保全の名目での口座預金や不動産自体への差押が行われるリスクがあります。特に、仮差押は裁判前であっても特定条件を満たせば比較的実行は可能であり注意が必要です。

反社会的勢力との取引から発生するリスクは、特に注意が必要です。知らなかったでは済まされない場合が多く、反社データベースなどの利用や、人脈確認を通じて事前にリスクを回避しましょう。特に夜の付き合いや取引先の調査・与信を十分にせず意図しない形で怪しい会社・人物との交流・取引が発生するなど、慎重になる必要があります。

期限の利益喪失発生時には何よりもまず現金を手元に置きましょう。一度、期限の利益が喪失された場合、現金が迅速な問題解決の唯一の方法です。そのため、流動性のある資産を確保しておくことが、最悪のシナリオに備える上で重要です。

いくら不動産投資の規模が大きく、額面上の金融資産が多くとも、流動性資金が期限内に用意できない場合は、最終的には倒産や破産が避けられなくなります。

隣地

「争いをなくすには理解と境界合意が必要」

▼どんな存在？

あなたが保有する不動産価値に大きな影響を及ぼす存在です。隣地とは「隣接している土地。となりの土地」のことで、今回はそこの住人（所有者）と捉えます。良好な関係を築ければ、物件価値を維持し、問題が生じた際に協力し合えます。

逆に関係が悪化するとトラブル発生や問題解決が困難になることもあります。隣地との境界線の問題、騒音、アクセスの確保、景観保持など、さまざまな問題が影響を及ぼす可能性があるため、これらに対処するため良好な関係維持が不可欠です。

特にお金や権利関係などの損得勘定だけで解決できる問題だけであれば良いですが、感情的な問題が発生するパターンも多く、その場合は損得勘定だけでは解決できない非常に難しい問題となる場合があります。

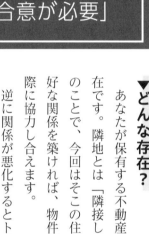

▼気をつけるべきポイント

隣地所有者とは定期的にコミュニケーションを取り、問題が生じていないか確認しましょう。小さな問題もチリも積もればで、最終的な大きな問題に蓄積していきます。新しい建築計画の際は、隣地所有者に事前通知し、意見を聞く機会を設けることが望ましいです。

法的境界の確認（権利関係の確認）に関しては、必ず不動産取引の前に測量図や登記簿、その他書類を確認し、現状を的確に把握する必要があります。特に測量図は現況測量図（隣地が合意していない）なのか、確定測量図（隣地合意済）なのかは確認が必須です。合意形成を委任したい場合は、土地家屋調査士などが適任です。

問題が発生した際には、穏やかで建設的な姿勢で接しましょう。感情的になると問題がさらにこじれる可能性が高くなります。基本は建築士や建築会社が対応するものですが、時系列でどのような話し合いをしているのかきちんと確認しましょう。納得いかない場合でも多少の譲歩幅も作り、必ず話し合いでの落とし所にまとめましょう。

▼思考・行動特性

隣地所有者は自らの利益を最優先する傾向にあります。隣地の方の行動や要求は、自己の不動産価値保全や利用の最適化を目指すことから発生します。例えば、境界線に関する問題や建設計画が自分の物件に影響を及ぼすと感じた場合、積極的に抵抗してきます（日当たり、騒音や通行不便、粉塵などのクレーム）。

新しい変化に対して特段の理由のない抵抗を示すことがよくあります。これは、新しい変化がもたらす不確実性や潜在的な影響に対する不安から生じるものです。特に変化を嫌う高齢者の方や、子供の安全を守りたい子育て世帯、長くそこに住んでいる方などが抵抗を示しやすい傾向があり、事前の対話が重要です。

隣地所有者間でのコミュニケーションが不足すると誤解が生じます。これを避けるためには、透明性を持って情報を共有し、定期的な交流を保つのが効果的です。特に高齢者やせっかちな人の場合、温和に日常的な話からおしゃべりしたら難なく理解してくれたケースも多いです。

トラブルが生じた際に話し合い自体を避けて、すぐに法的手段に訴える隣地所有者もいます。法的な問題には時間やコストがかかるため、こういった争いが起きる前に平和的解決を試みることが望ましいでしょう。

隣地

前面私道の通行・掘削承諾書がちゃんとあるか

リスク判定	Ⅱリスク移転
影響×頻度	高×少
総合リスク	★★★☆

前面に接道する私道への通行・掘削権が不確実な場合、土地の資産価値に大きな影響を及ぼします。特に、土地が私道のみに面している場合や、面している私道が共有持分である場合には、承諾書の有無が重要です。

発生率は一概にいえません（土地や隣地との関係により難易度が変わる）が、交渉で簡単に済む場合もあれば、数百万円の合意費用がかかる場合や合意不可能な場合もあります。

▼トラブルの詳細解説

土地が他者の所有する私道にのみ面している場合は、その所有者の承諾。面している私道が共有持分（複数の所有者がいる）である場合、共有者全員の承諾が必要です。これら承諾書が取得できない場合、建物新築時の前面道路の使用、水道・ガス管を引き込むための掘削が不確実になるため土地の価値は大幅に低下します。特に共有者間で意見の不一致があると解決が困難となり、合意には時間とコストがかかることもあります。

この種の問題の交渉は所有者や状況によって大きく異なります。数百万円の合意費用がかかることもあれば、全く問題なくスムーズに進むこともあります。合意に至らない可能性もあり得るため、小さな問題が大きな問題に発展しないようリスク管理が非常に重要です。

▼具体的な予防策と対応策

私道の通行・掘削権の交渉は、専門的な知識や粘りづよい交渉を要するため、土地家屋調査士などの専門家に依頼することを推奨します。これらの専門家は、地道な活動を通じて隣地間の権利関係の合意形成のために最適な解決策を個々の状況によって提案し、合意形成のプロセスを支援します。

新築を前提として土地購入する前に、前面道路での必要な工事（ガス管や水道管の埋設や引き込み工事など）を行うための通行・掘削承諾書の取得は必須です。この承諾書がないと、新築時に必要なインフラ整備ができなくなる可能性があります。

土地購入契約時には、承諾書が取得できない場合には契約を解除できる特約設定を売買契約書に含めることで、建物新築の最大の弊害となるリスクを移転します。

隣地

土地の隣地境界は明確にしよう

リスク判定
Ｉリスク回避
影響×頻度
高×多
総合リスク
★★★★

土地の境界問題は一般的でありながら避けがたいトラブルのひとつです。特に確定測量がされていない土地においては、隣地境界（権利関係）が不明瞭であることがしばしば隣地との権利争いを引き起こします。このようなトラブルが新築建築に与える影響は甚大であり、新築不動産投資の重大な障害となる可能性があります。

▼トラブルの詳細解説

隣地境界の問題ですが確定測量が実施されていない土地では、敷地境界が曖昧になりがちで、これが将来の権利争いの原因になります。土地面積の増減が微量である場合も多いですが、建築可能面積に影響を及ぼす場合が最も問題とされます。

特に、建築途中や建築後に違法建築物となるケースや、建築中の中止・計画変更を余儀なくされる事態は、新築不動産投資にとって不動産の価値を下げる大きなリスクです。

隣地境界における問題は、土地の上だけでなく敷地の空中や地中の越境の問題も含みます。例えば、建物の一部が隣地空間に越境してしまっている、植林などが空中で越境している、地中で管が越境しているなどです。これを事前に確認することが重要です。

▼具体的な予防策と対応策

着工前の予防必要性を理解します。建築着工後に土地面積の増減が発生すると、建築可能面積や建物境界、建物の高さが変わる可能性があり、その結果、建物が既存不適格となり違法建築物となるリスクが高まります。このため、建築着工前には隣地所有者との関係を良好に保ち、感情的なトラブルや建築差し止め・計画変更のリスクを予防しましょう。

土地購入前に、測量図が現況測量図であるのか、確定測量図であるのかを必ず確認し、必要に応じて確定測量を実施します。確定測量はコストがかかるものの、将来の紛争予防や建築中止となるような潜在的問題を防止する効果があります。

土地の売買契約時には確定測量の引き渡し前の実施を成立条件とするなど、境界問題の売買成立前の解決を前提とした契約解除が可能な特約を含めることが賢明です。これにより、将来的な紛争を避け、トラブル時にはリスク回避できる態勢を敷いて新築不動産投資の安全を保てます。

隣地

隣地の建物とは、一定の距離離れているか

リスク判定	Ⅰリスク回避
影響×頻度	高×多
総合リスク	★★★★

隣地との建物境界問題はよくあります。ただ、経験の浅い新築不動産投資家や建築士が関わる新築計画では、潜在的な問題を見過ごしてしまい、後に重大な影響を及ぼすケースが多々あります。

▼トラブルの詳細解説

建物の新築時、隣地所有者からの言いがかりや、最悪の場合、裁判による建築停止や計画変更の要求が発生することがあります。これは、隣地との境界問題や、建物配置に関する不満が原因で表面化します。土地の問題が最終的には建物の新築時に表面化するのです。

建築を計画する際、設計段階で隣地との境界線に対する建築基準（隣地境界線から50㎝離す）を厳守する必要がありますが、民法とのせめぎ合いがあり、特定条件下では境界線に接しても良いでしょう。どちらにしても建築士に頼り切りにするのではなく、これらを理解した上で確認申請前に設計図面確認をすべきです。

▼具体的な予防策と対応策

民法234条は隣地境界線から最低50㎝の距離を保つことを要求しています。一方、建築基準法63条は、防火地域または準防火地域で建物の外壁が耐火構造であれば、その外壁を隣地境界線に接して設けることができます。最高裁判所の1989年（平成元年）の判例により耐火構造の建物であれば建築基準法が優先されるとされていますが、最低50㎝の距離を保てば両方を満たせるため紛争予防になるでしょう。

この法規の理解と設計への反映が大切です。建築計画を始める際には、隣地との境界に関する法律（民法234条と建築基準法63条）を適切に理解し、設計に反映させることが必要です。建築士だから大丈夫と丸投げせず、ポイントを押さえましょう（ちなみにどこからが境界かといえば、外壁からです）。

こういった民法と建築基準法の判例があっても、地域によっては民法より慣習が優先される場合もあります（外壁面から隣地境界線までの距離）。

具体的な予防策と対応策は、隣地所有者との良好な関係を築き、事前に設計図面を共有し、必要な場合は合意を形成すること。これが最も確実で、最も平和的な解決方法で、後のトラブルを避けられます。ぜひ建築士に相談してみましょう。

不動産会社

我々はプロですから任せれば大丈夫です。
キリッ

「良い新築用地を押さえるには、冷静な即断即決が不可欠」

▼どんな存在？

不動産会社は、市場に精通した新築不動産投資の機会提供者です。不動産市場に精通しており、その市場の中から投資機会を探し出してきてくれます。新築不動産投資の土地仕入においては、価値ある情報源となり、適切な用地を見つける手助けをしてくれます。

しかし、必ずしも新築企画に精通しているわけではなく、提案用地が常に投資スタイルや最善の利益に沿っているとは限らないため、独自の調査と判断が重要です。

▼気をつけるべきポイント

紹介される新築用地については、独自検証しましょう。その地域の賃貸需要、アクセスの良さ、将来の資産性などポテンシャルを独自に調査できる能力が必要です。また、隠れたリスク（実は杭が埋まっている、土壌汚染の疑いがある）などもある程度自分で判断できる可能性もあります。新築建築上の法的制限や周辺で計画中の開発状況も確認しましょう。

新築用地の価格は、市場価値の需要と供給に基づいて相対的に値付けされます（まれに値付け間違いのお宝用土地もある）。そのため価格が妥当か、新築不動産投資にとってのポテンシャルはどうかを検討し、最終的に建物金額と合わせ、適切な利回りになるよう土地の価格交渉も必要です。

業者が提示する価格が常に市場価格（といってもマイホーム用地、収益アパート用地、収益マンション用地、商業ビル用地など、さまざまな需要形態がある）と一致するとは限らないため、比較されやすい土地の価格を調査をしておきます。

独立した専門の家意見も重要です。新築不動産投資に精通した建築士や現役不動産投資家などに意見を聞ける体制にすることで、業者の主観的な見解に左右されず、客観的な判断が可能になります。新築をテーマにしている大家会、新築不動産投資に精通したメンターなどと交流するのも良いでしょう。

▼思考・行動特性

不動産会社は自社利益を最優先に考えるため、確実な取引成立を最優先し、その上で両手取引（買い手・売り手どちらからも手数料を貰うこと）など高い報酬を目指しています。

建築条件付き用地などとセットで紹介される建築会社は、紹介マージンの高さから選ばれている可能性もあり、特に気をつけるべきでしょう。時に顧客要望よりも業者利益を優先するため、長期的信用を重視してくれるかがポイントです。

大家にも即断即決を求められます。市場動向に非常に敏感で、不動産情報をいち早くキャッチします。ただ、せっかく情報をキャッチしても取引不成立ならタダ働きの上、案件を一社独占ということは少なく、競合との競争も激しいため、優良物件であればあるほど迅速な決断・行動を大家側にも求めるケースが多いです。迷っている間に、業者は即断即決できる人たちに話を持っていきます。

良い点を大きな声で、悪い点は小さい声または知らないふりをします。顧客のニーズを理解しているため、それに合わせた物件の提案をして顧客の信頼を得ようとします。

不動産の魅力的な側面を強調し、潜在的な問題点は軽視・無視する傾向があります（そもそも問題点を認識できていない場合も多い）。不動産市場のトレンド、地域情報に精通していることを駆使して、売りたい不動産を推薦します。

不動産会社

建築条件付き用地は業者のいいなり!?

リスク判定

Ⅰリスク回避

影響×頻度

高×多

総合リスク

★★★★

建築条件付き用地は新築不動産投資における一般的な選択肢のひとつですが、全くの無知でこれに取り組むのはリスクも非常に高いです。

▼トラブルの詳細解説

建築条件付き用地の取引において問題となるのは、不動産業者により建築会社が決まっていることです（自分で選べない）。悪徳な不動産業者は、自らの利益（建築会社からの紹介マージン）のみを追求し、経営状態が不安定な建築会社を大した与信・実績調査もせず、セットで販売することがあります（全く悪気のないケースも多い）。これにより、建築プロジェクトが中途半端な状態で停止したり、最悪の場合、建築会社の倒産による大きな損失が発生したりする可能性があります。

建築中のリスクをいうと「イケイケ」と業界で噂されるような不動産業者・コンサルは、無謀な事業計画（盛りに盛った高い賃料設定）と合わせて、「どんぶり勘定」のとんでもない建築会社をセットにした案件を作り出すケースも多発しています。

▼具体的な予防策と対応策

不動産業者は実績と信頼性で選定しましょう。その業者が過去にどのような新築プロジェクトを手掛けてきたか、その実績と信用度を徹底的に調査することが重要です。建築業者からもらうマージンよりも、信用と責任を重視する業者を選ぶのが望ましいです。高すぎる高利回りの企画を案内してくるような業者は特に気をつけてください（だいたい業歴が浅く、実績がない）。

建築会社の進行中、完了プロジェクト調査をします。実際に進行中に現場を訪れ、その管理状況が適切かどうかを確認しましょう。また、過去のクライアントや大家からの評判も参考にし、悪評が多い場合は金額が魅力的であっても取引を避けることが賢明です。

信頼できる建築会社とのセットであれば良いですが、そうでない場合は建築条件付き用地ではなく、自分で建築会社を自由に選べる「土地から新築」の方法を選択しましょう。不確実性の高い建築会社に依存するリスクを排除し、よりコントロールしやすい投資が可能となります（大家の新築企画力も問われますが）。

不動産会社

接道状況や敷地越境は必ず現地でセルフチェック

リスク判定
Ⅱリスク移転
影響×頻度
高×少
総合リスク
★★★☆

対象土地に対しての接道状況と越境状況は、土地取引の中でも特に注意を要する部分です。特に不動産業者によって提供される情報が不十分な場合、これらの問題が後に大きなトラブルとなる可能性があります。

▼トラブルの詳細解説

トラブルには接道幅の問題があります。建築基準法では、新しい建物を建設するための土地は「幅4m以上の道路に2m以上接している」必要があります。実際には建築不可能な土地を売りつけようとする不動産会社も存在し、知らずに買った不動産投資家を大きな損失に導いて、ゴミ不動産にしてしまう可能性があります（例：接道幅2mと記載があったが、よくよく現地で測ったら接道幅は塀から塀までの絶対幅では1・95m＜2mなど）。

越境問題は地面上だけでなく、空中にも発生することがあります。土地の売買時に測量図で確認されるべきですが、必ずしもすべての測量図に明記されているわけではありませ

ん。土地売買が完了してから必要な接道幅を確保する部分に空中越境が発覚したりすると、再建築が不可能になることもあります。

▼具体的な予防策と対応策

土地検討時のセルフチェックをしましょう。不動産業者や建築士、銀行のチェックだけに依存せず、土地を検討する際は必ず自身で接道状況や越境の有無をチェックします。確定測量を行うことで、土地の正確な境界と接道状況を明らかにできます。また、幅については絶対幅を前提とした数値確認もしましょう。最終的なあらゆる責任は大家が担います。

土地売買契約時には、「接道幅が必要な絶対幅に満たない場合は契約を破棄できる」という特約条項を設けることで即断即決の中にもブレーキを定めるのが重要です。これにより、不適切な土地を購入した場合にも撤退しやすくできるようにします。

最低限の建築基準法の要件を理解し、それに基づいた土地の評価が不可欠です。接道状況に関することは建築士とのやり取りで実践しながら学べます。知識を有すれば不動産業者に対しても越境や接道に関する問題を把握する適切な資料請求を行うことができ、問題のある土地購入を避けられます。

不動産会社

多額の追加費用!? 絶対に避けたい土壌汚染

リスク判定	Ⅰリスク回避
影響×頻度	高×多
総合リスク	★★★☆

土壌汚染は重要なリスクのひとつです。特に工業施設など汚染を発生させやすい施設が過去に存在した土地を知らずに購入すると、後の新築時に高額な土壌浄化費用が発生する可能性があります。

▼トラブルの詳細解説

工場、倉庫、塗装会社など、クロムなどを含有する化学物質を使用していた可能性のある施設が過去に立地していた土地では、土壌汚染が起こっているかもしれません。しかし、資料請求時には地歴や過去の建築物情報が省略されている情報をもらうのが一般的です。運悪く、該当するような土地を購入した場合、後に汚染土処分や土壌改良工事に多額の費用が必要となる可能性があります。

多くの不動産業者は土壌汚染の詳細を把握していないことがあります。そのため、大家自身が事前にリスクの存在を認識し、適切な調査・チェックを行うのも重要です。

▼具体的な予防策と対応策

土地の過去の利用状況を把握するためには、次のような方法があります。法務局で現行の登記簿や過去の閉鎖謄本を取得します。これにより、その土地が以前どんな建築物に使われていたかの概略が掴めます。

また、公立図書館などで古地図を調べることにより、その土地に過去にどのような施設が存在したかを確認できます。特に工場と思われるような建物の記載がされていたら土壌汚染の可能性があります。

その他、国土地理院が保持する歴史的な地図や航空写真を参照することで、過去の変遷をより詳細に追跡できます。

これらの資料は、工業施設の存在を示唆している場合、特に有用です。

建築士

「建築のプロだからといって任せきりにしない、意見をぶつけ合おう」

▼どんな存在？

大家の新築イメージを法律に対応しつつ具現化するクリエイター、アーチストです。

新築マンション・アパートの計画〜設計〜建築まで、建築プロジェクトの全段階にわたって、大家のビジョンの代弁者として要望に応じた設計を行い、建築に関連する規制を遵守したプロジェクトを、その専門知識と技能で進行させる役割を担います。

また、コスト管理や工期調整においても、最も重要となるパートナーです。

▼気をつけるべきポイント

コミュニケーションの重要性を認識してください。新築プロジェクトの初期段階から、建築士との密なコミュニケーションを保ちつつ、信頼関係の維持が重要です。

彼らは必ずしも特定の大家の案件だけを扱っていませ

ん。信頼関係が崩れ、優先順位が下がれば、返答は遅くなっていきます。またアーチストのような側面もあるため、世界観・価値観への理解はとても重要です、その上で大家の要望や予算、期待するスケジュールを明確に伝え、建築士の提案に対してフィードバックを行うことが成功の鍵となります。

建築士を選定する際には、その資格と過去のプロジェクトへの実績の確認が重要です。特に、似たような規模や構造で建築プロジェクトの経験があるかどうかを見極める必要があります。

一級建築士であれば医師、弁護士と同じように建築領域ではあらゆる規模・案件に関われますが、必ず得手不得手は存在するので、セールストークの見極めが重要です。

契約内容を詳細にチェックし、設計変更時の手数料、追加料金、プロジェクトの延期に関する条項などを事前に確認し、明確にしておくことが必要です。特に手数料は総建築費に対しての料率（%）を基準としているケースもあれば、案件ごとの見積もりの場合もあります。新築規模によって適切な金額で合意できるように相場感を学びましょう。

建築士は建築設計のプロフェッショナルであることは間違いないですが、大家にとって自分の新築プロジェクトは唯一無二の思い入れがあるのに対し、建築士にとっては思い入れがないとまでは言いませんが、いくつかあるうちのひとつであることは間違いありません。大家としてこだわりがあるものに関しては相手がプロであろうと意見をぶつけましょう。

▼思考・行動特性

不動産は全く同じものがありません。新築は全てオーダーメイド。前例がある安全性の高いアイデアよりも、革新的な解決策を模索したい衝動も建築士にはあります。時に大家の要望＜自分のデザインや自己実現が優先となってしまうこともあります。

建築基準法や関連する法規制に精通しており、これらを遵守する設計を心がけます。そもそも遵守できないと新築の建物を建てる許可がおりません。

建築士

その設計は本当に実現できる？

リスク判定
Ⅲリスク低減
影響×頻度
低×多
総合リスク
★★☆☆

建築士による設計提案はプロジェクト成功に不可欠です。しかし、全ての建築士が実際の法律や規制に準拠した設計を提供するわけではなく、中には実現不可能な計画（普通に容積オーバーなど）を提案するケースもあります（天下の一級建築士でも）。

▼トラブルの詳細解説

一部の建築士は、法規制を大きく逸脱した容積率や建ぺい率をオーバーする非現実的なラフプランを提案することがあります。収益上は魅力的に見えるかもしれませんが、実際には実現性が低く、場合によっては確認申請がおりません。その場合、プロジェクトの遅延や中止を余儀なくされかねません。

▼具体的な予防策と対応策

土地と建築に関する基本的な知識を習得して、自身でプランの合法性を評価できるようになりましょう。すると建築士の提案が実現可能かどうかを初期段階で判断できます。

私の感覚値では新規で出会ったうちの10％ほどの少数建築士に危ない輩がいます（通常の建築士マッチングサービスなどでも普通に応募してくる）。新規であれば選定眼は必須の能力です。自信がなければ、過去に他の大家さんでも実績がある信頼できる建築士を選びます。

ラフプラン段階で提案される建築面積や法規制を超える場合は、どういった前提なのか質問ができる理論武装をしましょう。多くのケースでは道路斜線、北側斜線、日影規制、ワンルーム条例など基本的な規制だけを考慮対象としています。

ラフプランをつくってから土地契約または土地の購入後、本設計（基本設計～実施設計〈確認申請図〉）を経て確認申請というステップを踏みますが、基本設計の段階で再評価を行います。必要に応じてプランの微調整を検討しますが、土地購入前にこの再評価ができればそれが一番です。私の例ではラフプランで融資が通り、無事に土地も購入した後、いきなり「この土地はやめたほうが良い」と平気でハシゴを外してきました。加えて「消防法」を検討していないラフプランだったため、確認申請がおりない可能性もありました。最終的には建築計画の微調整で済みましたが、建築士は責任逃れの発言をするばかりで、私は建築中止や賃貸面積が大幅に減る可能性もありました。

建築士

仕様変更が図面に反映されていない

リスク判定
Ⅳリスク保有
影響×頻度
低×少
総合リスク
★☆☆☆

建築プロジェクトは多数の変動要因に影響されるものです。特に仕様変更の反映漏れは一見、小さな問題ですが、工期・コスト・建築会社側の負担などチリも積もれば何とやらでプロジェクト全体に大きな影響を及ぼすことがあります。

▼トラブルの詳細解説

建築業界では従来から多くの作業がアナログ方式で進行していて、新しい建材使用や図面変更がプロジェクト途中で行われるのは日常的にあります（口頭、電話、膨大なメールでのやり取りなど）。建築設計は建築プロジェクトの最も上流であり、変更が設計図面に反映されない場合（大家のチェック体制も不十分な場合は特に）、最終的に建築物が意図した通りに完成しないリスクが生じます。

このような問題は、アナログな方式でのやり取りゆえに、履歴・証拠が不在となることが多々あり、建築士や建築会社がお互いに責任逃れをする場合もあります。投資家にとっ

ては当初想定の戸数・面積・仕様が変更されることでコスト増額など頭痛の種となるのです。

仕様変更が建築士から建築会社に正しく伝えられない、または、どのフロー・ドキュメントが最新か、それらが建築会社＋建築士＋大家間で明確になっていない。また変更時にどのような承認体制となっているかが不明瞭で双方が勝手な解釈で進めている。こうした結果、最終的に大家の当初想定と異なる結果になる可能性があります。このような誤解は、後になって大きなコストと時間の無駄につながりかねません。

▼具体的な予防策と対応策

建築プロジェクトが始まった場合、関係者が定期的に集まり、協議するＭＴＧを設定してください。これにより、重要な確認・決定が遠隔アナログ方式（電話、メールなど）で済まされず、必ず大家の定期的な承認ルートが確保され、「言った、言わない」に加えて「知ってる、知らない」の問題を未然に防ぎます。

また、議事録作成を必ず行い、確認・決定したことは関係者が独自の解釈をしてしまわないよう、参加者全員の署名または承認をもらいましょう。変更事項に関しては、関連するすべてのステークホルダー（建築士、建築会社、大家）の署名を得て、関係当事者の責任範囲を明確にして、問題を未然に防ぎます。

投資家自身が定期的に建築現場を訪れ、実際の工事進捗状況と設計図面・記録との整合性を確認することが重要です。建築士の業務ではありますが、彼らの業務は管理ではなく、「監理」であると理解した上で、施工管理（日常管理）＞大家（定期管理）＞建築士（監理）というチーム体制を敷くことで建築士が不在となりがちな現場での情報収集についてフォローアップし、不明点があればすぐに指摘します。

すべての仕様変更には事前承認プロセスを設け、どのような変更が必要か、どのような変更は建築士だけの承認で良いのかor大家の承認が必要なのか？　その変更がプロジェクトにどのような影響を与えるかを明確にします。

また、変更が必要になった理由と、その承認を文書化し、追跡可能にすることで責任範囲を明確にし、後日の紛争があった場合にも誰の責任領域なのかを明確にします。特にドキュメント管理に対しては建築士、建築会社に任せるとお互いが自由に管理し始めるので、命名規則を設定したほうが良いでしょう。

建築士

建物は建築士のアーチスト作品？

リスク判定	Ⅲリスク低減
影響×頻度	低×多
総合リスク	★★☆☆

建築士との協働は、新築不動産投資成功に直結する重要な要素です。建築士の多くはそのクリエイティブな才能からアーチストとしての視点も持ち合わせており、美的感覚はプロジェクトに独特な価値を加えることができます。

しかし、その美学的志向が大家側の収益・予算上の制限、法的要件といった現実的な制約と衝突する場合があります。

▼トラブルの詳細解説

多くの建築士は空間のバランス、造形、色調、採光といった要素に、特に情熱を注いでいます。このようなアーチストとしてのアプローチは、彼らが建築を通じて自己表現・世界観を追求する根源であり、しばしば彼らの作品において最重要部分となります。しかし、この美的追求がプロジェクトの予算や機能的要件と矛盾する場合があります。

私は、建築士に対して「法律の塀の上を歩きつつ、落ちない範囲で最高のものを追求す

る」ような職種イメージを持っています。創造性を発揮しつつも、建築基準法や地域規制などの厳格な枠組みの範囲内で作業を進めなければなりません。この法的な制約内で美しさを追求するのは、彼らの重要な仕事のひとつです。

▼具体的な予防策と対応策

期待の明確化をしましょう。プロジェクト初期に大家としての①望む成果（面積、戸数、維持すべきデザインコンセプト範囲）②ガイドライン（基準、ルール、制約）③リソース（予算、仕様、建築手法）④成果評価基準（良し悪しを判定するポイント、仕事進捗の確認時期・方法・頻度の設定）⑤評価結果（金銭的・精神的報酬、仕事拡大のチャンス）など大家側の要望、期待するコンセプト、必要とされる機能性を建築士に明確に伝えます。これには、建物の収益性やコスト管理、メンテナンスの容易さなど、具体的な要件を含めることが重要です。

段階的な確認ができるよう設計の各段階でのレビューと承認を行い、プランが進むにつれて大家の意向から逸脱していないか定期的に確認します。わからなければ遠慮なく建築士に各段階を確認しましょう。

これにより、後の段階での大幅な変更やダメ出しを防ぎます。大幅変更やダメ出しの回数は、建築士のやる気（自己重要感）を削ぎ、最終的には感情的な対立を生みます。

大事なのは相互理解の促進です。建築士の創造性尊重と制約範囲内であれば口を出さないのが大切です。建築士のクリエイティブなビジョンを尊重しつつ、プロジェクトの実用的な制約を認識してもらいます。

人は理解され信頼されれば能力以上の力を発揮するものです。初期のタイミングでなぜ建築士を志したのか、どういった世界観・価値観を重視するのか聞き出し理解しましょう。Ｗｉｎ－Ｗｉｎの関係の構築のためにも投資家と建築士双方が目的を達成できるようチームワークの構築をします。オープンなコミュニケーションができる心理的安全性を確保した上で協力を基盤としたチーム関係を築きます。「大家で金を払ってるんだから！」という姿勢ではなく、建築士側で困っていることに理解を示し、可能な場合は協力をしましょう。

建築士

監理と管理はイコールではない！

リスク判定
Ⅲリスク低減
影響×頻度
低×多
総合リスク
★★☆☆

新築不動産投資の成功には、建築プロジェクトの適切な監督が不可欠です。建築士はその重要な監督役割を担いますが、多くの場合、その役割には誤解があります。特に、彼らの工事監理（監理）と施工管理（管理）の違いは明確に理解する必要があります。

▼トラブルの詳細解説

建築士は建築プロジェクトにおける重要な監理を担当しますが、これは現場の日常管理を意味するものではありません。建築士の役割は、工事を設計図と照合し、設計図どおりに施工されているか、合理的方法で確認することであり、施工の日々細部にわたる管理は建築会社の施工管理者が行います。したがって、建築士はプロジェクトの安全性や進行状況を常時把握することは物理的・時間的にも不可能です。

そのため現場の危険な兆候の見逃しが起こります。建築士は複数のプロジェクトを同時に抱えているため、1つの現場に常駐はできません。これが原因で、建築会社の財務状態悪化による現場暴走といった危険な兆候を見逃すリスクがあります。

本来はこのようなリスクは施工管理者が担うべき役割ですが、施工管理者は建築会社側の人間であることが通常であり、このような状況はプロジェクトの工期遅延や建築品質の低下、さらには重大な倒産問題につながる可能性もあります。

▼具体的な予防策と対応策

大家自身がプロジェクトチームの一員であるという意識を持ち、建築士や施工管理者と協力する姿勢が求められます。建築士に全てを依存するのではなく、自らもプロジェクトの監督に参加することが重要です。私たちが思っている以上に、大家という立場は建築プロジェクトで現場職人たちや関係会社からも注目を集める存在です。

大家自身が予告なしに現場を訪れることで、現場の緊張感を高め、常に高い品質・施工管理で作業が行われているかのチェックができます。このような訪問は月に数回不規則に行うとより効果的です。特に施工管理者の意識を引き締める効果が高いです。

現場訪問で得た情報を定期的に建築士と連絡を取り合い、写真・動画・文言の全てを共有します。これにより、建築士が常時把握しにくい全体進行状況をより正確に把握し、必要に応じて迅速な対応ができます。

建築士

建築士は賃貸経営者ではない

リスク判定
Ⅲリスク低減
影響×頻度
低×多
総合リスク
★★☆☆

建築士と協働する際、彼らの専門は建築の美観・機能・デザインと法的準拠性にありますので、賃貸経営のビジネスモデル、収支バランスを理解しているわけではありません。このギャップが原因で、不動産投資効率が低下するトラブルが生じる可能性があります。

▼トラブルの詳細解説

建築士とは価値観が異なり、またその相互理解が十分でない場合、設計変更に関する意見の相違が感情的な対立を引き起こすことがあります。このような状況は、プロジェクトの遅延や余分なコスト増を招く原因となります。

▼具体的な予防策と対応策

建築士選定時のコミュニケーションが大事です。設計から建築までの長期にわたるプロジェクトで成功を収めるためには、最初から大家のビジョンと収益目標を理解できる建築

士の選定が重要です（収益目標上で重要な指標は明示しましょう。戸数、各部屋面積・間取など）。また収益物件の経験が豊富な建築士を選ぶことで、収支のバランスを考慮した設計が期待できます。

また、レンタブル比の要請をします。レンタブル比とは、貸室部分÷延べ床面積で計算されるもので、オフィスビルやマンション計画で使用する建築業界の用語です。

例えば、レンタブル比が80％ならば、貸室として専有で使用できる面積が延べ床面積の80％（収益を産む空間＝専有部）であり、残り20％が賃貸できない部分（収益を産まない空間＝共用部）ということで、その建物の収益性が高いかどうかの一定の指標になります。過度なデザイン投資に意識を向かせるよりも、こちらが重要であることを明確に伝えましょう。

建築士には、居住空間の快適性とコストのバランスを取るよう要求します。例をあげると過度に高い天井、複雑な造作、過度の採光、階ごとに異なる構成は一般的に建築コストの増大を引き起こします。

収益性（家賃増額）に寄与する範囲と、そうでない範囲を分類しましょう。寄与しない範囲は、より経済的な代替案に替えるよう依頼します。

建築会社

「品質と納期の厳守を最優先とし、その基準に沿ってプロジェクトを管理」

▼大家にとってどんな存在？

大家のビジョンを法律に対応しつつ、具現化（設計図化）するのが建築士であり、建築会社はその設計図をもとに世の中にリアルな建築物として作り出す施工者です。新築建物、その後の改修、または拡張の各プロジェクトにおいて、建築会社は実際に無形を有形にするまでの施工、プロジェクト管理を一手に担います。

建築会社が作り出した建築物により、大家は物件価値を実際に手にすることができ、収益を受け取ったり（インカム）、実際に売却したり（キャピタル）が可能になります。そのため、信頼ができて永続できる建築会社との良好な関係は、新築不動産投資の成功において不可欠です。

▼気をつけるべきポイント

建築会社を選ぶ際には、①進行中プロジェクト（実際の現場を見て、できれば後日抜き打ちで見に行きましょう。現場管理能力は現場の綺麗さ、規律に現れます）②専門性（特に同様規模や建物構造の建築経験があるか）③評判（できれば周囲に建築した大家の知り合いがいればなお良い）④与信（帝国データバンク、東京商工リサーチなどで会社の評点確認）などを行い、多角的に調査しましょう。ただし、これらは現時点での評価であり、未来の保証にはならないということを念頭におきましょう。

複数の建築会社から見積もりを取り、内容を詳細に比較検討してください。最低価格の見積もりだけでなく、提供されるサービスの質や期間への考慮が重要です。また請負契約を結ぶ際には、建築会社から出された契約書を鵜呑みにするのではなく、遅延時ペナルティ、延期回数ごとの制約追加、契約解除・解除時の権利関係などに関する条項を明確にし、可能な限り、具体的な条項記載がある契約書を用意することが重要です。

建築工事の品質を確保するために、抜き打ち現場検査を定期的に行い、自分の現場への施工管理が行き届くようにしてください。これにより、現場の規律が維持されているか、設計図と整合がとれていない作業が行われていないか危険な兆候を確認できます。

建築プロジェクトが始まったら建築士も含めた定期的ＭＴＧを設け、重要事項についての協議・確認・承認ができるようにしましょう。建築士同席で技術的・法律的な問題が発生した際には、迅速に意見を仰ぐことができ、MTGの場で承認をしやすくできます。

話し合った内容は必ず議事録をつくり、勝手な解釈ができないよう具体的な記載にし、参加者の署名を必ず得ましょう。定期的かつ具体的なコミュニケーションを保ち、コミュケーション履歴を可視化・記録化することで、期待外れの結果や誤解を防ぎます。

結局のところ、一番の主役は大家です。相手の責任範囲であれば責任を要求しましょう。また建築士と違い、施工管理＋営業＋職人など複数の人間が関わるため、どうしても当事者意識が希薄になります。責任範囲が明確なものに対するミスについては、合意したルールに則り、責任（ペナルティ、違約金）を要求しましょう。ルールを形骸化させないことが、次のミスを防止します。

▼思考・行動特性

建築会社は請負契約（一定期間内に、一定の予算で業務の完遂を目的として結ばれる契約）に対する意識が強く、予定通りに完了させることを重視します。

予期せぬ問題発生時には臨機応変に解決策を見つけ、実行（施工）に移す能力があります。この能力が暴走すると現場独断での設計図と異なる施工トラブルなどに発展します。

特に中小零細企業では原価管理が行き届かず、なんとなくの予算管理で業務を進める業界慣習があります。

請負契約の特性上、予算内で収めるために勝手にコスト効率の良い作業で進めたり、重要な事項を省略したり伏せて独断専行する可能性があります。この特性が暴走すると施工不良（手抜き）、最悪の場合は倒産などのトラブルに発展します。

建築会社

営業担当の口約束を信じるな！

リスク判定
Ⅲリスク低減
影響×頻度
低×多
総合リスク
★★☆☆

建築プロジェクトは、建築会社と大家間の認識の擦り合わせが正確になるようなコミュニケーションが成功の鍵を握ります。特に営業担当者の口約束は、その非公開性ゆえに多くのトラブルの原因となることがあります。

▼トラブルの詳細解説

建築会社の営業担当者はしばしば、親しみやすい人当たりや誠実そうな態度で信頼を得ます。しかし、彼らの口約束は、明確な裏付け・根拠が欠けているケースも多いです。具体性に欠ける約束や、曖昧な表現が使われることが多いです（例：「一生懸命に頑張ります！」「気合いでなんとかします！」など）。これらの約束が建築会社としての回答ではなく個人的見解だったことで、後になって変更されたり、守られなかったりすると、プロジェクトの進行に大きな障害が生じます。

兆候の識別は大切です。営業担当者が約束の具体化や書面化を避ける傾向がある場合、それは信頼性に欠けるサインと見なすべきです。

▼具体的な予防策と対応策

記録を設けない非公開性が高いやり取りでは、約束の存在が曖昧になるケースが多くなります。そのため、対面MTGであれば、話し合った内容を議事録として文書化し、必要に応じて参加者全員の署名を得ます。オンラインMTGであれば録画機能を活用し、議事録も必ずつけましょう。

また、電話でのやり取りであれば、後ほど内容をメールで大家側から送り、返信をもらうことで口約束を記録化します。これにより、後に発生する可能性のある「言った、言わない」のトラブルを防ぎます。

約束履行に責任を発生させたい場合は必ず契約書・覚書など法的文書に落とし込みます。これらの法的文書では会社印を押す必要性が出てくるため、双方合意を得ることには一定の労力が必要ですが、公式の書面はトラブル発生時の有力な証拠となり得ます。

また前述した議事録・記録の徹底は、こういった法的文書化のハードルを下げるための布石になります（言い逃れのできない事象が累積すると、それが一定の証拠力を持つ。また建築会社側も内容を確認しやすくなり、経緯に対し合意しやすくなる）。

建築会社

避けられない工事遅延にはどう対応すべき?

リスク判定
III リスク低減
影響×頻度
低×多
総合リスク
★★☆☆

建築プロジェクト遅延は、投資の収益発生期間（家賃がもらえない逸失利益、繁忙期を逃すことによる満室稼働率への影響）に大きな影響を及ぼします。

建築会社の施工管理不足が原因で工事遅延が発生するのは決して珍しくなく、特に中小零細企業の場合は顕著です。これにより追加コストが発生したり、投資計画が大幅にずれたりする可能性があります。

▼トラブルの詳細解説

スケジュール管理の問題では、職人手配、資材手配などの適切なスケジューリングが行われず、職人の手持ち無沙汰や資材不足が発生することがあります。工事遅延により現場管理側でスケジュール調整が日常化すると、建築会社側の原価も膨らみ、またキチンとした下請業者からの信頼を失う状況になりやすくなります。

下請業者の問題としては受注が急増すると、急遽新規の下請業者が投入されることがあります。信頼性が十分でない業者が作業に加わり、質の低下や遅延が生じます。

会社内部に問題があると大家からのクレームが常態化し、担当者の離職率が上がると、建築会社内のモチベーション低下や、さらなる遅延が発生しやすくなります。倒産にも繋がる危険な兆候のため、こういった問題の場合は内容を詳細まで確認しましょう。

▼具体的な予防策と対応策

大家として取り組めることは建築会社選定時の過去実績調査です。過去に竣工した大家さんに、工事遅延履歴、遅延時の対応がどうだったかなどを確認します。

その他、建築会社選定時に現在状況を調査します。受注拡大が急ではないか？　売上の上昇率はどうか？　仕掛り状況はどうか？　人が頻繁に辞めていないか？　特に急な事業拡大は品質・コスト管理に重大な問題を引き起こし倒産を誘発しやすくなります。

請負契約書には遅延時の金銭的ペナルティをはじめ、遅延複数回時の請負契約解消（解消の場合の精算の仕方）を明記します。

工事が始まった後の定期的かつ、抜き打ちの現場訪問をします。自分でやるのが面倒な場合コストはかかりますが、現場管理に詳しいコンサルや職人などに任せるのも一手です。工事遅延の表面的・潜在的な問題の兆候を掴み、発生した場合の初動対応を迅速にします。

建築会社

竣工前は施工不良、竣工後は施工瑕疵!?

リスク判定
III リスク低減
影響×頻度
低×多
総合リスク
★★☆☆

建築プロジェクトの竣工前と竣工後に生じる不備や瑕疵は、投資家にとって大きなリスク要因です。特に中小零細企業に依頼した建物は、完全無欠な成果物を期待することは難しく、さまざまな問題が竣工前と後で発生する可能性があります。

▼トラブルの詳細解説

建物の竣工前には仕上がりだけでなく、見た目だけで判別できない設備機能（水道、電気、ガスなど）に不具合が潜んでいる可能性が高いです。これらの問題は入居後の生活に直接影響を与えますし、入居中の修繕対応は調整が非常に面倒です。よくあるトラブルには扉や窓の開閉不具合、水漏れ、電気系統の不調、不自然な騒音・振動などがあります。

竣工後に発覚する瑕疵（建物の見えない部分にある欠陥）は、しばしば初期の検査で見逃された問題から生じます。これらは時間経過とともに顕在化し、修正にはさらに時間とコストがかかります。

▼具体的な予防策と対応策

大家として取り組めることは以下の通り竣工前の施主検査です。工事中も定期的に現場を訪れ、工事進捗と品質をチェックします。これにより、問題の早期発見と迅速な対応が可能になります。

続いて竣工時の受入検査です。内装などの外見だけでなく、設備系統の機能テストを徹底的に行いましょう。具体的には、各部屋で水を何日かに分けて何回も流す、コンセントには実際に接続する、LANケーブルも繋げてみる、コンロでも火をつけてみる、大きな音を出し続けてみるなどです。あわせて全部屋の詳細な部分まで写真を撮っておきます。

不具合の早期発見に努めることが予防策となります（入居後ではやりにくい）。また問題発生時は、最終的な支払いが終わる前に具体的な状況を整理し建築会社に伝えれば、迅速かつ適切な対応を促せます。支払い後は一般的に建築会社の動きは悪くなります。

竣工後は瑕疵担保責任保険についての基本知識を持ちましょう。発見された問題に対して無償での対応が可能になる瑕疵担保責任保険の範囲を明確に理解します。問題発生時には大家→建築会社に申請する流れとなります。発見された問題が把握できるような調査資料を準備し、建築会社に引き継げば、無償での修繕がしやすくなります。

建築会社

現場独断の勝手な仕様変更

リスク判定
Ⅲ リスク低減
影響×頻度
低×多
総合リスク
★★☆☆

建築プロジェクトでは通常の常識では考えられないような問題が多く起こります。現場独断の勝手な仕様変更は通常、建築士と建築会社（施工管理者）間のコミュニケーション不足や、施工管理が十分でないことから生じるケースが多いです。

▼トラブルの詳細解説

設計図面や仕様書に記載がないならまだしも、記載があっても勝手に判断してやってしまうケースもあります。これらの多くは、最新情報が把握できていない、または建築士と建築会社間でのコミュニケーション不足（例えば設計図面上に記載されていない仕様を勝手に現場が解釈）により発生する可能性が高いです。

設計図面・仕様書に基づいていない現場独断の仕様変更は、完成時の建物が事前に合意された要件と異なることがあります。これはプロジェクトの進行において混乱を招き、最終的な建物の品質にも悪影響を及ぼす可能性があります。さらに、仕様変更による追加費用が発生すると収益性に直接的な打撃を与えます。

施工管理者が高齢 or 経験が浅い or 要領悪いなどの場合、発生する可能性が高くなります。

建築会社が認識しているドキュメントが古いバージョンである or ドキュメント管理が不十分という場合にも注意です。

▼具体的な予防策と対応策

大家として取り組めることは定期的なMTG設定です。プロジェクト初期段階から建築士と建築会社との間で、定期的なコミュニケーション時期を設定しましょう。すべての会議で議事録をつけることがミスやトラブルの予防につながります。

自らが最新仕様書・設計図面を管理し、建築会社と建築士にも同じものが共有されているか議事録などで確認することで建築会社・建築士が勝手な判断を下す余地を減少させます（定期MTG時など）。また定期的な現場確認も有効です。仕様に沿った施工がなされているかを現場抜き打ちチェックで点検するのが最も効果的な予防策です（建築士は前述の通り監理役割であり、抽出でしかチェックしないため）。

これらを継続的に行えば責任範囲を明確にでき、いざ金銭負担などが生じた場合にでも当事者が納得して責任を負いやすい状況が作りやすくなります。

建築会社

社長の行動・言動に不審な兆候はないか

リスク判定

Ⅱリスク移転

影響×頻度

高×少

総合リスク

★★★☆

新築不動産投資を行う際、建築会社の選定は極めて重要です。中小零細の場合は、建築会社の選定＝社長の選定と言っても過言ではありません。

会社の財政状態や経営者の行動から、会社の安定性を見極めることが必要です。特に、社長の急な生活様式の変化や社内採用方針の変化は、将来性に重大なサインを示す可能性があります。

▼トラブルの詳細解説

社長の生活様式の変化とその兆候が見られます。建築会社の社長が急に豪華な生活、交際を始め、外見を重視した採用（美人秘書採用、美女・イケメン採用）などを顕著に行うようになるのは、会社の財政的な問題サインである場合が多いです。

これらの行動はしばしば現実逃避や不安定な経営状態を示唆しており、投資家としては小さな兆候を掴むことが必要です。

変化前後の背景を説明します。社長の行動変化は単体では問題として認識しづらいですが、その変化に加えて現場遅延の常態化や、担当者を通じての社内状況・取引先状況が悪化しているなどの確認が取れている場合は警告信号です。

こうしたサインが発生し始めると、多くの場合、同じ時期に発注している大家たちからの不穏な噂（資金繰り、工事遅延常態化、社長の女性関係など）が自然と立つようになったり、担当者との連絡が取りにくくなったりします。

▼具体的な予防策と対応策

大家として取り組めることは定期的な経営層との面談です。中小企業であればあるほど社長（経営層）＝社風となりやすく、社長が全ての実権を握っているため会社の状況は社長に最も出やすいと言えます。社長の行動・意思決定が会社全体に影響があるため、会社の健全性チェックは社長のチェックにかかっていると言っても過言ではありません。

加えて定期的に現場を訪問します。小さな問題や兆候は、大家同士の噂話の前に必ず関係者（下請、取引先、現場職人）の間で発生します。また施工管理が杜撰になり始めていないのかどうかも合わせて情報をキャッチできるようにしましょう。

不安な兆候（度重なる工事遅延、大家間での噂、金銭・女性問題）が見えた場合の対応策としては、すぐに建築会社との面談を設定し、「次回問題発生時の取り組みを記載した覚書（撤退しやすくなる）」などの合意締結を覚書などで追加していき、早期にリスク管理を図っていくことが望ましいです。問題が顕在化してからでは他の大家も殺到し始め、逃げられるか最終的に音信不通になってしまうからです。

リスク移転をしやすくする準備としては、倒産防止共済を受けやすくなるための覚書などでの合意締結、次の建築会社に委譲しやすくなるための所有権に関する合意締結、もしくはリスクに対して融資してもらいやすくし、一点集中のキャッシュアウト→キャッシュアウト分散化を図るための追加準備などを行います（日本政策金融公庫の場合は経営環境変化対応資金などが該当）。

建築会社

マジでやばい！社長の夜逃げ

リスク判定
Ⅱリスク移転
影響×頻度
高×少
総合リスク
★★★☆

新築不動産投資において、特に建築会社の経営が危機に瀕している場合、社長が夜逃げする事態は大家にとって重大な損失を招く可能性があります。

建築中の建物所有権は建築会社のものであり、その所有権が手放されないまま建築会社が倒産してしまったりすると、裁判所の破産管財人の処理が終わるまで何も進めることができなくなります（その期間中に金融機関とのトラブルが発生したりすると致命的な問題に発展します）。

▼トラブルの詳細解説

社長が夜逃げすると、覚書、合意書などの締結が非常にしにくくなります。また倒産防止共済なども社長の夜逃げは適用外ですし、その他の権利関係にまつわる問題は全て保留になります。

給料遅延が発生するため担当者の退職も急増します。この状態に陥ると問題解決のコミ

ュケーションを取るための人物が存在しなくなり、返信・返答・資料の存在なども全てが不明瞭になってきます。

工事遅延もはじまり、現場規律も急速に悪化します。下請会社が一斉に手を引き始め、中には納入機材を回収する動きも出てきます。社長夜逃げの状態では、現場管理の規律はないに等しくなり、本来起こらないことが日常的に発生するようになります。

▼具体的な予防策と対応策

大家としては夜逃げ前の段階での取り組みを行うことができます。特約事項に、「～日連絡がつかない」「～回遅延が発生した場合」、など定量的な条件をトリガーとした契約解消条項を入れておき、発生時に自分が動く場合にも相手の合意が不要な状況にしておきます。

夜逃げしようとしている、もしくはした以上はあちらから連絡はありません。こちらから、必要と思われるアクションを仕掛けます。夜逃げしようとしている、もしくは夜逃げした経営者に連絡ができるタイミングは恐らく最後の1回です。その最後のチャンスに「相手を罵倒する、責める」などをしてはいけません。どんなにはらわたが煮えくりかえっても、相手を理解し、そして自分も理解してもらいましょう。

Ｗｉｎ‐Ｗｉｎの関係を崩さない限り連絡は取り続けられます。相手の不安、心配を軽減する提案を用意してください。最終的にはその痛み分け提案が自分自身をも救うことになります。

リスク移転をしやすくする対応策も重要です。具体的には倒産防止共済を受けやすくするための書面合意締結、次の建築会社に委譲しやすくするための所有権に関する書面合意締結をします。もしくはリスクに対して融資してもらいやすくし、一点集中のキャッシュアウト→キャッシュアウト分散化を図るなどを行います（日本政策金融公庫の場合は経営環境変化対応資金などが該当）。

新築しくじり大家さん対談

ゴールドマン・サックス出身不動産投資系YouTuber

小原正徳 氏

生稲　小原さんは、もともとは外資系金融機関のゴールドマン・サックスにいて、そこから不動産投資家に。どうして転職されたのでしょうか。

小原正徳（以下、小原）　私は独立前の仕事が、たまたま金融会社というだけで、その金融会社の中でもやっていた仕事が不動産でした。サラリーマンキャリアの8割くらいは不動産業界、不動産の職種なんです。不動産鑑定士の資格を取って28歳で不動産業界に入りました。

　そこからずっと不動産です。最初、不動産会社に行って、そのあと会計監査の会社の中の不動産を監査する部門にいました。不動産ファンドが不動産を買う際に、不動産の時価評価が適切かどうかを評価します。

生稲　不動産鑑定士という業界にいても、不動産投資をしていない人は大勢いますね。どうして不動産を始めたのですか？

小原　そもそもの不動産業界に入ってきた動機が、不動産投資家になるためだったからです。きっかけは結婚して子供ができたとき。それまでは、そんなに稼がなくてもいいと思っていたのですが、そのときの私の年収が３００万円だったので、家族が３人食べていくには、これではどうにもならないと思ったのです。

「よし、それなら大家さんになろう！」と決めたのが27歳。属性も貯金もなく、それなら不動産業界に転職して属性を上げて勉強もできればいいと思いました。その前に、資格を取って転職しました。

生稲　なぜ不動産投資だったのでしょうか？

小原　ロバート・キヨサキ氏の『金持ち父さん貧乏父さん』（筑摩書房）の影響があったと思います。

生稲　私と同じですね。

小原　私たちのちょっと前の世代で流行りましたよね。私が不動産に舵を切ったのが２００７年だから17年前。私の息子が２００８年9月生まれで、ちょうどその頃に私が資格の勉強をするため仕事を辞めてたんです。子持ちの無職時代が1年半ですが、しかもその時はリーマンショックです。不動産業界がガタガタになっていたのですが、２００８年の後半から２００９年にかけて受験生をやって、転職活動してみたら全然就職できなくて。最後の最後に拾ってもらったのが不動産管理会社だった。だから私は最初、不動産管理をやっていたんです。

対談の様子。左が小原氏

生稲　そうだったのですか！　今の不動産投資実績は？

小原　簿価上（帳簿上）の純資産額で5億円くらい。時価で見たら7億～8億円だと思います。何部屋で何棟なのかは把握していません。手法としては地方の中古ＲＣ造が1割で、都内の新築ＲＣ造が9割です。

生稲　最近はＵＢＭに続き、暁建設の倒産があり、新築不動産投資家にとっては戦々恐々な時代です。私は勝手に〝大倒産時代〟と呼んでいますが、小原さんも新築で倒産エピソードがあると聞きました。

小原　いろんな意味で倒産に巻き込まれました。施主側で巻き込まれ自分の物件で飛ばれたのと、その前から施工会社をやろうとして経営にもタッチしている状態で、建築会社側で倒産も経験しています。両方からモロにくらいました。建設トラブルのエピソードを語らせたら日本一ですよ。建設会社の人以外で経験が一番多いと思います。

生稲　本書では、私が施主として経験した2棟同時倒産を紹介していますが、建築会社側からの視点を聞ける機会はなかなかありません。その辺りの施主と建設会社の両方の立場として小原さんから教えてもらえればありがたいです。まず施主のほうは構造やエリアなど、どんな内容だったのですか？

施主として、建築会社の夜逃げを経験

小原　施主の側ですと、正確には倒産や破産はしていないのですが。まず1つの会社に2棟発注していて、その会社が飛んでしまいました。

生稲　夜逃げですか？

小原　存続はしているのですが、建築部門から撤退したのです。本業の側では事業継続しているようですが詳しくは把握できていません。右往左往して2物件の立て直しを図り、計画から遅れること1年半。2024年の3～4月に竣工しました。本来であれば2022年8～9月に竣工する予定でした。東京都内、2棟ともRCで壁式5階建てです。

生稲　ちなみに損失額は？

小原　2棟合わせてうん千万円の真ん中あたり。何が起きたのかというと、その会社の蓋を開けてみたら素人だったんです。本業が建設業の中の別業で、

「東京で建築一式を請けると仕事が取れるらしい」くらいのノリ。建設費の見積もりも、ネットで調べて坪135万円くらいだろうと言って出していたくらいのレベル。甘く考えていたんでしょう。施主から請けた額でできると思ったら、下請けに見積もりをとると赤字。それでも今さら施主に言えないから、とりあえずそのまま進めていたようです。

自転車操業の会社が回らなくなると下請けに未払いが発生して現場が止まります。現場をどうにかして動かしたいのですが、下請けや孫請けがお金をもらえていないから動いてくれない。私は元請けに建築費を支払っていたのですが、下請けには支払われていない。他を探してもコストアップになるから、この下請け業者に継続してもらうのがベター。不幸中の幸いで、一括で請け負っている下請け業者がいたんです。

元請けから下請けへの赤字発注分は全額私が建設費の増額という形で引き受けて、さらに下請けへの未払いの一部を私が二重で負担することで、ようやく動いてもらえ、それらをひっくるめての2棟でうん千万円の被害です。

生稲　最終的にはそこの「払ってもらわないと動けないよ」という未払い部分をキャッシュで補てんしたのが、失敗のリカバリーでしょうか?

小原　資金的にはそうです。でも、そこからのリカバリーは資金繰りができれば解決するのかというと、そうでもない。一度調子が悪くなった現場はスムーズに進まないもの。

私たち施主は工程表をもらいますが、1回でも狂い出すと噛み合わないんですよ。現場監督は分かっていると思いますが、お金もないから手配がうまく回らない。それもあって下請け、協力業者さんから「元請けが危ないから先に金をくれ!」と要求される。すると、出所が私しかいない。先払い分を私が払わないといけなくなります。

生稲　2段階でキャッシュアウトが発生したのです

ね。最初は今まで未払い分があるから、新しい元請けに対してのお金の支払い。2段階目に、下請けが現在の元請けに対して危ないと思っている分を「前金でくれ！」という支払いがあるということですね。

小原　2022年9月に竣工予定だったのが全く進んでいない。7～8月くらいの上棟したところで止まりました。そこから調整でまた時間がかかりました。「1000万円を先に払ってもらえませんか？」と言われ、それを持ち逃げされたこともあります。

生稲　それ、私にも経験があります。

小原　建築の存続のためには下請けを捕まえて、どういう条件だったら継続してもらえるのかの交渉を半年くらいしました。ようやく再開したのが2023年5月です。さらにそこから竣工するまで11か月もかかっています。私が生稲さんにお会いしたのは去年10月ですが、正に再開後の工事がちょっとずつ進んでいたところでした。

生稲　先の2段階のお金の支払い以外に、調整では何が大変だったのですか？

小原　施主は建設に関して素人です。当事者なのに分からないから、必要な工事の洗い出しからスタート。それを順番に並べて再手配しないといけない。大事なのは新しく元請けになってもらったところも、全てを手配しているだけなんです。「実際に現場で手を動かすのは何という会社ですか？」という聞き出しをやっていました。

残工事項目と工事項目をやる会社名、業者名の情報を聞き出し、「こういう状況になっているのだから、先払いするなら直接協力業者へ払わせてほしい」と訴えました。名目としては元請けに代わって立替払いする。「元請けは施主に対して請求権があるから、それとの相殺でキレイにしましょう」ということで協力業者からの元請けへの請求書に基づき、私が一つ飛ばして全ての立替払いをしたんです。

生稲　それは大変ですね。

小原　具体的にどこで止まったのかといえば上棟し

てサッシが入っていたんです。でも各戸の玄関扉はまだ入っていない。玄関扉と共用部のエントランス扉は、ある程度、内装を作ってから設置します。その扉が入っていない状態でした。

中も出来上がり、そろそろ扉を入れようとした時点でサッシ屋さんへの未払いが判明しました。「窓の枠のサッシとガラスを納めている分をまだもらっていない。その納めている分をもらわないと扉は入れられない」と言われ、「どうしたらいいでしょうか？」と。

どうしたらいいでしょうかではないですよ。実際には施主からは支払い済ですから。そこで新しい元請けとサッシ屋さんと私で三者面談をしました。

すでに私の中で腹は決めていました。「私が今から提案するけれど、これを断ったら私は扉だけ別のところで発注します。未払い分は御社が取りっぱぐれますよ。だから、私の提案を聞き入れたほうが絶対に得です！」という前提で、「未払い分を（新しい元請けから）分割払いさせてほしい」と提案しました。でも、それだけでは了承してくれないと思ったので、その新しい元請けの代表者の連帯保証人として、私も連帯保証に入ったんです。

生稲　それは非常に安心させる提案ですね。

小原　「必要であれば私の自宅を担保に入れてもいい」と宣言して私の自宅の第二抵当に、そのサッシ屋さんの債権で抵当権がつくようにしたら承諾してくれました。弁護士の作った覚書に三者で判子を押してようやく扉が入ったんです。

後半の半年は、毎週ごと施工会社とミーティングをしました。残工事一覧表を作り手配日を書いて、翌週になると「これはできてますか?」「できてません」「なぜですか? お金の問題ですか? 人の問題ですか? 能力の問題ですか?」と詰めて消し込んでいきながら何とかしました。

生稲　これでは誰が現場監督なのか分からない(笑)。2つの問題を抱えていると精神的なトラブルは発生しませんでしたか?

小原　ありましたがジムに行って運動して何とか乗り切りました(笑)。酒量は増えますね。私の場合は並行して、施工会社側のトラブルで十数名の施主さんと逆の話をしていました。それはなかなか表で言えない話です。

もともと別のところで大家仲間として知っていた人と、テーブルの反対側について交渉しないといけないし、施主さんからすれば私は後から入ったけれど、施工会社の人間として接しなければいけなかった。自分の案件では損失を被ったけれど、逆の側だと損失を被ってもらわないといけない話を同時にしていたんです。精神的にキツイからストレス用の漢方薬を飲んでいましたね。

初心者はリスクの少ない木造から

生稲　施主として、これから新築不動産投資を始める人へアドバイスをお願いします。

小原　今は「イチからRC造をやります!」はかなりハードルが高くなりました。木造なら金額も小さいからライトだと思うんですよ。木造の金融機関とRC造の金融機関は層が違う。木造の場合は建築確認が通った状態で売りに出ているものがほとんど。土地決済したらすぐに着工できるので、木造3階建なら半年かからず竣工し、建築リスクを負う期間はそこだけです。

片やRC造は土地情報が出てプランが付いていたとしても、あくまでラフなプランでボリュームチェックレベルです。設計は土地購入後にスタートするケースがほとんど。そこから竣工するまで早くても1年半、私の場合は3年もかかりました。リスクにさらされている期間が全く違います。

生稲　それと変動要素もありますね。木造の地盤補強は一定金額でたかがしれている。しかしRC造のように重いと、地盤の状態によって金額が1000万~2000万円も変わりますから。

小原　そうです。これから始める人は相当な覚悟があるならRC造をやってもいいでしょう。その覚悟がないのなら、プラン付きの木造をオススメします。土地からではなくプランが決まっていて、建築確認まで取っていて、想定利回りまで算出されているのが比較的リスクが小さい。中古ほど利回りが合わないこともないけれど、新築RCほどリスクが大きいわけでもないから。

生稲　中古の木造を買うよりも、残債利回りの考えでいえば新築で買ったものを同じ年数で経過後、中古よりも利回りが高いケースもありますね。小原さんの「相当な覚悟」とは、勉強や努力で新築リスクの確率を下げること。不動産投資家として「お金だけ払えばいいでしょ?」ではなく、事業家としてちゃんと調整して三者面談して、「トラブルが起こったときに対応できる覚悟がありますか?」ですね。

小原　全責任を自分が負うくらいの覚悟が必要だと思います。私は施工会社側の人間でもあるので、責任を棚上げしている発言でもあるから非常に言いづらいのですが、施工会社だけの責任にするなら最初からやらないほうがいいと伝えたいです。完成してリターンを得るのは不動産投資家側で、建設側はリスクを負っている割にはリターンがなく赤字なだけ。不動産がいいのは、竣工さえすれば何とかなるところです。

生稲　竣工さえしていれば最悪は売ることもできますしね。

手元のキャッシュは重要！

小原　「建設は建築会社がやるもの」「投資家はお金だけ出すもの」という姿勢ではなく、事業主だから何か起きたときは、自分がなんとかする。どんなコストであっても「最後は自分が被るべきものなんだ」と覚悟を決めてやったほうがいい。現実がそうなのだから。

あとは覚悟を決めると同時に、それに伴う勉強もしておくこと。そして、最後は現金を持っておくことです。上振れた分の金額は融資がほぼ出ませんから。

生稲　私も（案件と同じ金融機関からは）出ませんでした。

小原　私が知っている方でも、追加で融資が出た人は1人だけです。多くの方が追加融資にチャレンジしていたけれど出ていません。もう稟議が通っているところを「途中で調子が悪くなったから追加を！」というのは難しいのでしょう。まだ工事が始まる前なら少しは可能性もあるけれど、ネガティブな条件変更なので基本的に承諾してくれません。

建築費が突然に上がり出したのは2020年のコロナでした。そこから年率10％近くで伸びている。建築費指数を見ても10％ずつ伸びており、プロジェクト期間の2年で原価2割は上がっています。

いろんな経緯はありつつも、私の場合は持っていかれたり赤字を被ったり未払いを立て替えたりと、いろんな原因はありますが、物件が出来上がるとちょうど原価の値上がり分を被ったくらいでした。

そういうことも起きうる前提で、手元に現金を備えないといけません。これがなかったらできるものもできないです。「竣工させてしまえば何とかなる！」とはいえ、先立つものがなければプロジェクトは進まない。金融機関からお金を借りるのが難しいなら、自分がキャッシュを出すしかありません。

生稲　先ほどの「直接に支払いをしないと動かない」というお話ですね。私の損失も30％くらいだったと思い出しました。不動産投資家で攻めている人は手元に現金をあまり置かず、自己資本比率を低くしてどんどん再投資をしているから、中古の感覚でやっている人は危ないですね。

小原　その場合も新規の金融機関から物件取得に対して融資を受けるのと並行して、運転資金の融資を受けるとか、不動産が多くなってきたら担保余力のある物件も出てくるかもしれないので、場合によってはそれを担保に入れて第二抵当で融資を受けるとか、現状ある信用の換金化で手元資金を増やしておく。動かせるお金を確保しておくのは大事ですね。

生稲　「手元にキャッシュを残しておくことは重要」だと何回もおっしゃられていましたが、具体的にどのくらい残すほうがいいのでしょうか。

小原　新築では建築費の3割。建築が最後まで行ったとしても3割が手元に残る状態でいけるかどうか。だからRC造なら建築費が約1億円くらいなので、3000万円が手元にある状態で竣工できるかどうか。木造なら5000万円、6000万円ですから、1000万～1500万円くらい手元にある状態で竣工を迎えられる資金計画になっているかどうか。これがひとつの目安です。

生稲　ありがとうございます。問題が起こった後、動き方が的確で感心しました。

小原正徳

株式会社不動産科学研究所代表取締役。東大卒の後、ニートから4社を転職し、ゴールドマン・サックスの不動産運用部勤務後に独立。地方中古RC造、都内新築RC造を中心に総投資額30億円。YouTubeチャンネル「不動産アカデミー＠YouTubeキャンパス」は登録数4万人超

新築しくじり大家さん対談

「1年経っても工事が始まらない」

永住大家 氏

生稲　まずは不動産投資の実績と、現在やっている不動産投資の手法について教えてください。

永住大家（以下、永住）　私は10年ほど前から主に一都三県で不動産投資を始めています。8：2の割合で新築をメインにやっています。部屋数は400数十室あり、総資産規模で40億円強です。

生稲　すさまじい！　私の3倍以上の規模ですが、新築でどのようなトラブルがありますか？

永住　2017年に購入した鉄骨造は建築条件付きの契約で、最初に土地を購入しました。請負契約は通常であれば支払い条件が着手金40％：中間金30％：完了金30％。もしくは30％：30％：40％です。ところがこの会社は50％：25％：25％の設定で「着手金が少し多くありませんか？」と意見したんです。

しかし、場所も埼玉県川口市の某駅から徒歩3分、完成利回り7％、融資もスケジュール通りに出してくれる好案件だったので向こうも強気。結局は押し通されました。総額は2億5000万円くらいで5階建てのエレベーター付きです。

生稲　着手金が多くて、どんなトラブルが？

永住　土地の決済後から1年くらい建設が始まらなかったんです。私も仕事が忙しく、他の現場は動いていたからそこまで気にしなかったんですよ。もちろん、その間の固定資産税や金利負担はありますが、完成さえすれば問題ないだろうとそのまま放置していました。すると仲介会社から連絡が来て、「どうも倒産しそうです」という話になり……。

生稲　前触れもなく突然ですか？

永住　はい。真意を問いただすべく関西の本社へ行くと、「大丈夫です。問題はありません」との社長自ら説明を受けました。モデルルームを案内してもらい、担当者も「早めに内装の仕様を決めましょう！」と打ち合せをしたのですっかり安心しました。ところがその後、半年間も着工しなかったんです。

生稲　では、土地の決済後から1年半後に基礎工事が始まったのですね？

左が永住大家氏

永住　しかし、安心したのも束の間、基礎工事後また半年も止まり、それまでは建築会社の担当者と直接やり取りできたのですが、工事が中止した半年間に担当者が2人も変わりました。その担当者からは「中間金さえ払ってくれたら上棟まで続けますよ」と言われたのですが、そのまま支払うのは心配なので信金さんに相談して、上棟してから25％の中間金を払いました。しかし、それ以降は最後まで動きませんでした。外壁がなく雨ざらし状態です。その後に請けてくれた建築会社が確認すると鉄骨にサビがあり、最初はサビ落としから始めました。

2年後にようやく工事再開

生稲　次の工務店さんが入るまでに、どのくらい期間が空いたのですか？

永住　2年です。その間も社長さんから「もう少しお金を入れてくれたら優先します」と連絡がありましたが、さすがに断りました。担当者が良い方で密に連絡をとっていたのですが、給与の不払いを起して2か月後に倒産しました。私がその間に動きまわったおかげで損失を最小限に抑えられました。まずは弁護士さんと相談して所有権を確定しなければいけませんが、建築中の所有権は建築会社が持っています。そこをクリアせず破産管財人が入ったら、清算が必要になるリスクがあります。

できれば会社が存続中に所有権の移転をしたほうがいい。それで担当者さんに相談し、「私が合意書を作るから、ここに捺印してもらえますか」と個別に交渉して返してもらうことができました。

生稲　倒産するまでの間に所有権を得られたのが大きかったですね！

永住　同時に内容証明で「所有権を移転するので清算しません」と送り承諾を得ていたのもよかったです。その次に決めるのは新たな建築会社です。10社コンタクトして半分の5社は最初から門前払い、残りの5社から見積もりをもらいました。そこから3社に絞り込み、最終的に決めたのが完成していただいた建築会社です。

生稲　なるほど。リカバリーのポイントとして、

①弁護士さんを通じて所有権を得るアドバイスを受け、2か月の猶予の中で速やかに動いて所有権移転を確定させた

②相手方の建築会社の担当を味方につけて交渉をスムーズにした

③相見積もりを10社から厳選した

それ以外に何かありますか？

永住　引き継ぎやすくするために、設計士さんも味方につけないといけません。建築会社と設計士を別にしていたのですが、関連する資料一式をもらえたので、次の建築会社へスムーズに引き継げました。

1億円近くの損失が発生！

生稲　不幸中の幸いですね。総額でどれくらいの損失が発生したのですか？

永住　トータルで約9500万円。内訳は、まず7

000万円の過払い。そして新規の会社に依頼するため、鉄骨のサビ落としなど重複する作業が2500万円になります。消費税が8％から10％に上がった背景も多少あるのですが。

それ以外に3年分の固定資産税や金利の負担で、損害額の9500万円を足すと1億円くらいになるでしょう。いろんなリスクが存在する中で、新築を土地先行請負契約でやる場合には、建築会社の倒産が最大のリスクですね。それを経験してしまえば他のリスクなんて微々たるもの。強い心が養われました。

生稲　1億円近い打撃ですね……。無事に竣工されて何よりでした。他にトラブルのエピソードは？

永住　倒産ではありませんが、建築会社が実質倒産状態になったケースもあります。横浜市内の好立地の新築木造プロジェクトです。買ってから1年弱で止まり、完成するまで4年もかかりました。2018年に土地決済した後で2棟一括の現場ですが、片方は内装まで入って、もう片方は上棟と若干の差はあるのですが、そこで止まった状況です。

前回と違うのは建築会社が倒産したわけではなく、いろんな下請け会社に対して未払いが続き、誰も引き受けてくれない状態が1～2年続いたらしいです。聞けば同時に大きなプロジェクトをやっており、そこへ資金を全て突っ込んだあげくプロジェクトが頓挫して動けなくなったようです。

生稲　これをどうリカバリーしたのですか？

永住　最後のトリガーは銀行さんの手形です。手形の期日更新を何回かやっていて、「これ以上動かないと、土地の代金を含め全額回収します」と通告されました。それで建築会社の請負契約を切りました。先の川口市の経験もあったので、同じ要領で「変えます」と内容証明を送りました。

社長に「仕方ないですね」と納得いただき、スムーズに資料がもらえ所有権も移転できました。引き継ぎも会社同士で話し合えたので、その辺りは苦労していません。建築代金はそれほど変わりませんが、上棟したほうの木造が剥き出しになっているところは全部作り直しが必要となりトータルで2000万円ほどの損で完成しています。

生稲　この横浜市内の物件もリカバリーのポイントとしては、請負契約の解除をして所有権移転をスムーズに進め、引き継ぎやすいような書類をもらった点ですね。それにしても「手形の更新はしません」は厳しいですね……。ちなみに、このときの一括返済はどれくらいの金額でしたか？

永住　約1億円です。土地が6000万円で着工金が3000万〜4000万円です。まだ中間金は払っておらず、着工金を払って止まったんです。銀行によりルールが変わるため、自分ではコントロールできない部分ですが、手形の契約であれば気をつけたほうがいいです。

建築工事をしている時点で、まだ金消契約を結んでいない状態です。完成したときに金消契約を結び、工事中に建て替えた分を全て完済する契約になるので、何かあれば一括返済の可能性は相当に高いです。

生稲　建築中の貸付が「証書貸付なのか、それとも手形貸付なのか」ですね？

永住　はい。川口市のケースは証書貸付です。最初の時点で金消契約を結んであるため、完成さえすれば約束通りの融資は出ます。追加費用がかかるにせよ、一括返済を求めることはほとんどなく、返済が始まっても毎月の返済分さえ持ちこたえれば問題ありません。しかし、手形貸付は「返してください」となれば銀行の立場が強いので要注意です。一括返済になると、その時点で損切りになるのは確定になる。その分のお金がないと退場になりますね。

生稲　いろんな投資家さんや大家さんと話していても、手形貸付と証書貸付の内容に詳しくありません。永住大家さんは厳密に理解されていたのですか？

永住　そのトラブルがあってから初めて理解しました。それまであまり気にしていなかったのですが、「一括返済は怖い」と思いました。

情報収集には限界がある

生稲　同感です。これから新築不動産投資を始めたい人に向けてアドバイスをいただけますか？

永住　情報収集は大事ですが限界があります。今回のケースもそうですが、最近で倒産した建築会社も融資を受けています。銀行も与信チェックをしていますが、それは過去の与信なので……。

生稲　将来の保証にはならない。

永住　初心者であれば土地先行は避けたほうがいいでしょう。仮にやるとしても、できる限り出来高払いを条件にスタートする。すると「やらない！」という建築会社が大半ですが……。それと安すぎるのは要注意です。私のケースは明らかに坪単価が安かったのですが、そうでない場合は相場並みの価格帯で、その時に追加の費用を出さないといけません。

初心者は出来上がったものを買うほうがいい。あとは自分のキャッシュバランスを高めるなかで、万が一のときに、どこまで自分のキャッシュバランスに頼り切るのか。事前に予測して、頼りきらないならどうするか。追加融資なり、自分の手金を出すことを事前に考えておいたほうがいいでしょう。

生稲　どれくらいの現金のイメージですか？

永住　最低でも建築費の2～3割はあったほうがいいでしょう。そうしないと目先の固定資産税や金利を払い続けなくてはいけないので、プラスの追加で対応できません。倒産リスクに対するものでなくても、修繕などに対応するための金額として、総投資額の5～10％。中古物件が多ければ10％は大規模修繕などに備える必要があります。新築が多ければ5％でも十分ですが、そのくらいは持っています。

生稲　ありがとうございます。

永住大家

外資系サラリーマン時代の2014年から不動産投資を始め、現在は不動産総投資額40億円。2021年から不動産業を開業し、収益不動産の売買の仲介、開発事業などをメインに展開し、2023年から不動産管理業を開始

新築しくじり大家さん対談

「リスク許容と労力のバランスを」

R氏

生稲　まずどんな不動産投資をしていますか？

R　私は数年前から自分で東京23区内の土地を買って、1億～2億円くらいの小さい鉄筋コンクリートマンションを土地から建てる新築投資手法に取り組んできました

生稲　そもそもなぜ不動産投資やろうと思ったのですか？

R　私は出来るだけ短時間で経済的に自由になるため不動産投資を選択しました。私は、全ての投資においてその利益の源泉は「種銭」「リスク」「労力」の3つしかないと考えています。種銭は固定ですから、私の場合は利益を大きくするために、リスクが大きく、また労力（即ち自分が費す時）もかけるしかない不動産投資手法を選びました。ですから、当初1年くらいはこの2つの要素に対応するために、文字通り全身全霊をかけて取り組まざるを得ませんでしたね。ただし、よりリスクを許容して労力を小さくする、期待利益を小さくすることで、リスクも労力も小さくする投資を選ぶこともできます。各投資家が不動産投資に使える時間的資源とリスク許容度が、どの程度なのかを見極めて投資手法を選べば良いと思います。

生稲　不動産以外の投資手法で目標を達成するのは難しかったのでしょうか？

R　他にも投資はありますが、労力を利益に交換できる数少ない投資手法が不動産投資です。例えばインデックスの株式投資の場合、種銭は他の投資と同じく固定値なので、リスクと労力の相関で利益が決まるのに、インデックス株式投資の時点で労力のかけようがありません。すると、どうしてもリスクとリターンを等価交換する投資にしかなりません。不

動産はそこに労力をかけることで利益を増やしたり、リスクを減らしたりすることができる投資手法で、そこが魅力のひとつですね。

トラブル発生！上棟前にサブコンが倒産

生稲　なるほど。話は戻りますが、所有されている物件の中に倒産失敗エピソードが？

R　過去、倒産がらみのトラブルは2つあります。1つはサブコン（※）さんの倒産です。それを元請けだったゼネコンさんと協力して、職人さんをまとめて最後まで建てきった案件です。2つ目はゼネコンさんが法的整理で倒産して、別のゼネコンさんに工事を引き継いでもらい竣工まで漕ぎつけた案件ですが、こちらは工事を引き継いでくれた建築会社さんに恵まれ、特に苦労しませんでした。

※サブコン…元受けであるゼネコンから土木・建築工事を請け負う下請け建築会社

生稲　ではサブコンさん倒産のほうのお話をうかがいます。

R　私と請負契約を結んだゼネコンさんの下請けに、各職人をまとめていたサブコンさんがありましたが、そこが倒産したんです。ゼネコンさんは複数同時的にトラブルを抱えてしまい、彼ら自身も仕事が回らなくなり現場監督さんがつけられない状態でした。そのような中で私は、リスクと労力を引き受けて利益を最大化するために、専属の現場監督さんは手配できないそのゼネコンさんとの請負契約を継続する決断をしたのです。

ゼネコンさんのサポートを受けながら、経験もない私が半分現場監督のような立場になりました。サブコンさんがいないのでゼネコンさんと私で職人さんたちをまとめ上げ、建物を竣工させることになりました。実際の現場監督さんに比べたら、半端な仕事しか出来なかったと思いますが、少なくとも自分で工程表や300項目くらいある積算の見積書を作れるようになり、とても勉強になりました。

生稲　普通は施主からすると、契約相手であるゼネコンさんしか見えておらず、サブコンさんがどうなっているのか分からないですよね？

R　そうですね。このトラブルを経験するまではサブコンさんや現場監督さんがどれほど大事な役割を果たしているのか分かっていなかったですね。それまで見てきた投資家や施主の世界と建築現場や職人さんの世界は全く違いました。

私は現役の現場監督さんに教えてもらって、実際に建物が建つまで具体的にどんな工事があり、どんな職人さんが何日くらいかけて仕上げるのか。それを全てヒアリングして勉強しました。本で学ぶのではなく、自分の建てる建物のエキスパートに教えを乞えたのが幸運でしたね。

生稲　現場監督さんという仕事はRさんの気質に合いましたか？

R　合っていたと思いますが、正直二度とやりたくないですね（笑）。ガテン系の世界に生きる職人さんは大家さんが想像しているのと全く違い、お金で動いてくれるのではありません。彼らは貸し借りと男気で動きます。私自身も延べ30日は現場に立ち、毎回500㎖のロング缶ビールを差し入れたのですが、あとで数えたら100リットルを超えていました。飲みニケーションで仲良くなり、一緒に建物を建て切った感じです。もちろん建築中に飲まれては困りますが、「あとで飲んでくださいね！」と毎回渡していました。

それと、建築現場は想定外のトラブルの連続です。最初の建築確認申請で使う図面なんて情報量が少なすぎるから、必ず現場の工事中にその場で考えなくてはならなくなる。その都度どうやって解決するのか。みんなで知恵を出し合って図面を書き直してやっていかなければ進みません。それをずっとやっていたのである意味でタフになりましたね。

最低限、工事進捗の把握を

生稲　これから新築不動産投資をする人は、リスクに備えるため何に注意したらいいでしょうか。

R　自分の建てる建物がどれくらいまで工事が進むと、実際の出来高でどれくらいの割合まで消化されるのかは理解することをお勧めします。工事会社と工事請負契約を結ぶときに、決済条件が思い通りになるわけではないことは業界の常識ですが、少なくとも以下の数字を認識しておくと良いと思います。

・着手金を入れたタイミングでは、いくら過払いになるのか？
・上棟して上棟金を入れたときには、いくら過払いになるのか？
・竣工直前だと、いくらの過払い、過工事になるのか？

これを理解した上で納得する決済条件と金額で請負契約を結べると良いですね。

生稲　チェックポイントごとに、どのくらいの金額が消化されるのか。これを理解し、その上で取引条件、支払い条件をまとめる必要があるのですね。

R　工事請負金契約の金額絶対値もそうですが、リスクマネージメント上はどんな決済条件なのかも非常に大切です。繰り返しですが、相手のゼネコンさんにも事情があるでしょうし、何でも施主の思い通りになるわけではもちろんありませんが、私は少な

くともそこを理解した上で、安い高いを合わせて総合的に投資を判断したいと考えています。

生稲　また、リスクヘッジとして「キャッシュイズキング」は間違いありませんよね。ただ、どのくらい手元に置いておくべきなのか。

R　それは本当に個々の企画によりますね。そして、それを考える際に一番重要なのはやはり請負契約の金額だと思います。相場よりも安い人は工事引き継ぎ時にお金がたくさん必要になるので、手元にたくさん置く必要があると思います。次に、決済条件が厳しい人もたくさん置いておかなければいけません。これは先ほどお話しした内容に紐づきますね。

逆に、もともとの工事請負金額が高い人や過払い金額が抑えられた決済条件の人は、置いておかないといけない金額は小さくなると思います。少し厳しいお話ですが、過払い金額の最大値を請負契約から算出して、その過払い金額プラス2000万〜3000万円は必要かと思います。

そして、その現金を用意せずに新築RC造に取り組む際は、トラブルが起きた際には本気でファイナンス（資金調達）する覚悟を決める。いざ倒産となれば、文字通り死に物狂いで資金調達する覚悟を決めて、企画に取り組まないといけないかもしれません。

他責ではなくて自責思考で

生稲　なるほど。他にありますか？

R　カッコつけた言い方をすると、絶対に他責思考にならないで自責思考で投資をすることですかね。かく言う私もトラブルの最初は他責思考でした。「どうして俺がこんな不運に見舞われるのだろう」と落ち込んでいたのですが、「その建築会社を選んだのは自分だし、この状況は全て他の誰でもない自分自身の責任で起きているものなんだ。俺が悪いのだから自分でリカバーするしかない！」という思考に切り替えると、不思議なことに気持ちが楽になったんです。誰しも最初は「なぜ自分だけ嫌な思いを……」と悔やむでしょうし、それが普通だと私も思います。

一方で、その思考でトラブルを乗り越えようとすれば正しいジャッジメントもできず辛いだけ。「あの建築会社を選んだのは自分だから、全ての責任がある俺が何とかする！」と気持ちを切り替えるのが非常に大切だと思います。トラブル前の時点で、すでにその覚悟ができていたら最強ですが、なかなかそれは難しい。トラブルになったときは、まず出来るだけ早く気持ちを切り替えられると良いですね。

生稲　他責ではなくて自責思考。「不動産投資は投資＝お金を出せばそれに見合ったリターンがもらえるのでしょ？」と考える人たちもいれば、「不動産投資は事業だから自分でリスクを下げる努力をしなければ！」という思考と二分されますね。

R　そもそも投資自体、労力とリスクを利益に変えるものですから。不動産投資は一般的にローリスク、ハイリターンのビジネスモデルですが、近年の新築RC造はハイリスク、スーパーハイリターン投資だと思います。

中古物件を買うよりもリスクをたくさん取っており、別の言い方をすれば事業性が高いと言えるのかもしれません。まず、そういう投資手法なんだと理解するのが大切。生稲さんが言われた「事業性」と関連するのですが、建築会社の倒産は中古を買って入居者が亡くなってしまったことと同じ事象です。

そのリスクが顕在化したときに、事業主もしくは施主、主体である自分がどのように解決していくのか。そもそものトラブルを解決したときに得をする人は自分しかいません。だから「自分だけのために自分だけがやる！」と思えるかどうか。それは事業家の思考と言えるのかもしれませんね。

生稲　最初は「どうして俺だけが」と他責だったのが、後に当事者として、パートナーとしてゼネコンさんと一緒に二人三脚で走り切ったのですね。Rさんの経験を踏まえて、これから新築不動産投資を始めようとしている初心者へメッセージをお願いします。

R　個人的には都心の新築不動産投資は、2024年時点でいまだにリスクに見合ったリターンを得やすい投資手法だと思っています。倒産トラブルの可能性は正直低くないですが、たとえそれに遭ってしまったとしても何とかすることもできます。

そして、不運にもトラブルに見舞われたら、先ずはモード切り替え。他責ではなくて自責になること。1日でも早く「このトラブルを解決できるのは自分しかいない！」というマインドに切り替えること。そして、それを切り替えた後には2

つの選択肢があります。

・自責モードに切り替え自分ごととして対応はするもの、あくまでも金銭的な解決をしていく道か

・そこに自分の時間や労力を使い、あくまでも経済的な被害を少しでも減らしていく道か

私の経験から、基本的に後者はしないほうが良いと思います。やはり投資家は経済的な解決をとれるときは経済的に解決するのが基本ではないでしょうか。

ただ、経済的な状況として、追加の何千万円がどうしても工面できないから、投資家的な解決策は取れないと考える人も多いと思います。その場合、覚悟さえ決められたら資金繰りや資金調達は私たち投資家の専門分野ですよね。運転資金の融資であればそれなりの数の銀行とも相談できます、保証協会付きの融資もあるし、日本金融政策公庫の事業性融資もあります。500万円ずつでも地道に集めていけば、ある程度の金額が集まる人も多いでしょう。

そこを諦めずにやることと、当然、当初の企画に貸してくれていたメインバンクとも相談すべきだと思います。事前に関係をつくっておけば、一定額の理解を得られる可能性はあると思います。私があの日に戻れるのなら、自分で現場に出てビール100リットルを差し入れるのではなく、必死に資金調達をして経済的に解決する方向に動くと思いますね(笑)。

生稲　なるほど、ありがとうございます。

R

40代の専業大家。元大手日系企業に20年間勤務、数年前に自主企画の新築RCで不動産投資をスタートし、過去、下請会社と元請会社という2件の建築会社の倒産トラブルを経験し、前者の企画では自身が現場監督までやるなど過酷な現場を経験した

第4章

新築不動産投資【実践編〜守り】

〜地獄に転落しないための「リスク管理×予防」を学ぶ〜

18 リスク管理×予防のポイント

第4章では実際にどのようにリスク管理、予防をすればいいのか、私の経験した2件の事例に沿ってポイントを解説します。

まずは私が遭遇した2件の建築会社の倒産トラブルの経緯を解説します。

▼8棟目のケース

8棟目は2018年9月に土地を取得、3階建てのアパートのプランニングを建築士に依頼し、書類が揃い次第すぐに確認申請を行っています。同11月に建築会社と工事請負契約を締結。着工金として1034万円を支払いました。2019年5月に基礎工事が完了して、その代金として1034万円支払いました。

ここまでは順調でしたが、翌6月から工事が徐々に遅延し始めました。「このまま工事がストップしてしまうのではないか……」と、工事の遅れに対して悪い予感を抱いた私は、建築会社に交渉して、この段階ですでに工事が終了している部分に対して、所有権譲渡の合意を取り付けました。

そして、遅れながらもなんとか進んでいた工事が8月になって完全に停止。このままではいつまで経ってもアパートは完成しません。そこで再度、建築会社と話し合いを行い、10月には請負契約解除（工事の契約を解除）。その際に明け渡し合意（工事現場を明け渡してもらうための合意）も取り付けることができました。


また、工事の現状把握のためにも、下請業者の情報開示を求め、今後、新しい引き継ぎの建築会社を探すために出来高査定のルール（どこまで工事ができているかの査定基準）を決めました。

併せて下請業者が部材等を持ち出せないよう侵入禁止バリケード設置、所有区分と債権者の明示のため下請業者へ内容証明書の送付を行いました。これはどういうことかといえば、建築会社から代金未払いの下請業者が工事現場に置いている部材や設備を持ち出したり、設置した部材の所有権を主張したりできないようにするための策です。これらのことは弁護士の指示を受けて行いました。

２０２０年4月には第三者機関（建築士）による出来高査定を行い、工事を引き継ぐ建築会社と建築請負契約の締結を行いました。併せて本プロジェクトの融資先である信金Cに経緯書（金融機関に向けて状況を説明する書類）を提出し、請負先変更と証書貸付期日変更の相談をしています。

信金Cとは創業すぐからの長い付き合いがあり、日頃から良好な関係だったため親身に相談に乗ってもらえ、5月には期日変更手続きが実行されました。

6月、元の建築会社と前渡し金返還金額の合意を交わしました。その年の12月、ようやく建物が竣工しましたが、当時は新型コロナウイルス感染拡大の影響により、人の動きが少なく想定賃料が下がりました。

元の建築会社は2021年1月に破産手続きをしています。この年の3月に倒産防止共済へ共済金貸付を申請し、1か月半ほどの調査があり、数回のやり取りを行った後、すでに元の建築会社に支払った2068万円から出来高（終わっている工事分）263万円を差し引いた1805万円を借りることができました。

8棟目	・着工：1034万円 ・基礎：1034万円→基礎完了後すぐに工事停止（出来高250万円ほど） ・上棟：1034万円 ・竣工：2070万円
建築請負の取引条件	

■取引履歴

2018年9月	土地取得 確認申請
11月	工事請負契約締結→着工支払い1034万円
2019年5月	基礎完了→基礎支払い1034万円
6月	工事遅延→現時点と履行分の所有権譲渡合意
8月	工事停止
10月	元請負会社との請負契約解除（明け渡し合意、下請会社情報、出来高査定のルール） →侵入禁止バリケード設置、下請会社へ内容証明書送付（所有区分、債権者の明示）
2020年4月	第三者による出来高査定、そのまま請負契約の締結 信金Cへ経緯書を提出し、請負先変更と証書貸付期日変更の相談
5月	創業すぐからの付き合いが長い金融機関であり、日頃から良好な関係だったため親身に相談に乗ってもらえ、期日変更手続きはスムーズに実行された
6月	元請負会社と前渡し金返還金額の合意
12月	建物竣工（新型コロナウイルス禍真っただ中で想定賃料が下がる）
2021年1月	破産手続き開始決定
3月	倒産防止共済へ共済金貸し付け申請
3〜5月	中小企業基盤整備機構からの調査回答やり取り（書類の整合性、消費税まで細かく精査される）
5月	機構から入金1805万円（既支払い分2068万円ー出来高263万円）

▼9棟目のケース

9棟目のほうが8棟目より早く、2017年5月には土地を取得しています。11月に確認申請をして、2018年7月に建築請負契約を結び、着工金として1137万円を建築会社に支払いました。

2019年2月には基礎工事が完了、基礎工事代金1137万円を支払いました。同年の5月上棟も完了して、上棟金2774万円を支払っています。残るは竣工でこのタイミングで残金を支払う予定でした。

ところが上棟してすぐ6月には工事が遅延し始めたのです。私は建築会社に交渉して、これまで工事をした分の所有権譲渡の取り決めをしました。

8月には工事停止となり、10月には建築会社と建築請負契約の解除、物件への侵入禁止バリケードを設置しました。併せて下請けの業者に所有権・債権を明確にした通知、敷地への侵入禁止を記した内容証明を送付しています。

同時に建築途中だった建物の工事を引き継いでくれる新引継建築会社を探し出し、第三者（建築士）による出来高査定、建築請負契約の締結をしました。

2020年4月に信金Gへ経緯書を提出し、請負先変更と証書貸付期日変更の相談をし

9棟目	・着工：1137 万円 ・基礎：1137 万円 ・上棟：2774 万円→上棟後すぐに工事停止 （出来高 2400 万ほど） ・竣工：3032 万円
建築請負の取引条件	

■取引履歴

2017 年 5 月	土地取得
11 月	確認申請
2018 年 7 月	工事請負契約締結→着工支払い 1137 万円
2019 年 2 月	基礎完了→基礎支払い 1137 万円
5 月	上棟完了→上棟支払い 2774 万円
6 月〜	工事遅延→現時点と履行分の所有権譲渡合意
8 月	工事停止
10 月	元請負会社との請負契約解除→侵入禁止バリケード設置、下請会社へ内容証明書送付 第三者による出来高査定、請負契約の締結
2020 年 4 月	信金Gへ経緯書を提出し、請負先変更と証書貸付期日変更の相談
5 月	信金Gから証書貸付期日変更はできない、早急に借換先を見つけるように通告を受ける →コロナ禍での金融庁通達を盾に徹底抗戦 →貸付期日 10 日前までに変更手続きを完了しない場合、弁護士から内容証明書の送付を通告 最終的にすぐ期日変更手続きは実行された
6 月	元請負会社と前渡し金変換金額の合意
7 月	建物竣工（コロナ禍真っただ中）
2021 年 1 月	破産手続き開始決定
3 月	倒産防止共済へ共済金貸し付け申請
3〜5 月	中小企業基盤整備機構からの調査回答やり取り
5 月	機構から入金 2620 万円（既支払い分 5048 万円ー出来高 2424 万円）

ました。ところが、5月に信金Gから「証書貸付期日変更はできない。早急に借換先を見つけるように」という通告を受けます。これは、いわゆる「貸しはがし」です。

貸しはがしとは、金融機関が融資を取りやめ、あるいは返済期限の到来前に返済を迫るなど、借り手の事情を考えずに資金を強引に回収することを指します。

このような状況下で借換先を探し出すのは不可能なため、コロナ禍での金融庁通達を盾に徹底抗戦しました。これはコロナ禍で苦境に陥った中小企業に対して、事業の先行きは不透明であっても、融資が受けられるよう緩和するようにという内容です。

「貸付期日10日前までに変更手続きを完了しない場合、弁護士から内容証明書の送付を通告する」と伝えると、信金Gはすぐに期日変更手続きを行い、ことなきを得ました。

6月に元の建築会社と前渡し金返還金額の合意を取り付け、7月にようやく建物が竣工しました。コロナ禍真っただ中でしたが、4か月で満室となりました。

結局、2021年1月には、元の建築会社は倒産手続きへ。3月に倒産防止共済へ共済金の貸付を申請し、5月半ばまで中小企業基盤整備機構からの調査回答を受け取り、5月末には中小企業基盤整備機構から支払い済分5048万円から出来高2424万円を差し引いた2620万円を借りることができました。

19 リスク管理と予防のための10のポイント

ここからは私の身に降りかかったトラブルに対して、実際にどのような対応をしたのか、また、このように対応すればよかったという反省も含め、リスク管理と予防をするためのポイントを詳細に解説します。

ポイント1 法的根拠を「書面」できちんと備える

私自身の経験を通じて思ったのは、書面化していないと証明力がないことです。証明力がなければ、下請業者や弁護士から「この人は事実を捻じ曲げていないか？」と疑われる可能性があります。そういった疑惑を一蹴できるのが「書面での証明」です。

具体的には書面にして相手方の印鑑をもらっていれば、合意の証明になります。とくに弁護士に対しては、どんな内容であれ合意しているのが一番強いです。裁判でも「自白」がもっとも証拠力があります。ですから、どんなことでも合意したのなら、その合意を言語化・書面化して捺印をして、それによって合意した形にしましょう。

それが後々、問題が起こったときに役立ちます。いくら「自分たちは悪くない！」と言い張っても、疑いをかけてくる事情を知らない第三者に対して、「この人たちは大丈夫。理路整然とやることをやっているんだ！」という証明になります。

私のケースでは「所有権」「現場保全」「引継ぎ」を書面化しました。

それぞれを詳しく説明しましょう。

所有権とは「建築中の建物は誰のものか」ということです。仮に建築紛争勃発時にも第三者に権利を主張できる書面があったほうがよく、建築中の建物をどこかで自分の所有権とした根拠を作り出す必要性があります。

次に現場保全です。本来、建築中の建物の所有権は元請（建築会社）、土地は大家にあります。お金の流れ（債権）を説明すると、大家は元請業者に支払い義務があり、元請業者は下請業者に支払い義務があります。しかし、大家から下請業者に支払い義務はないということです。

よくある話として、代金をもらえない下請が腹いせに「建物に立ち入り、設備を勝手に

建築中の建物の所有権

建築中の建物は誰のものなのか

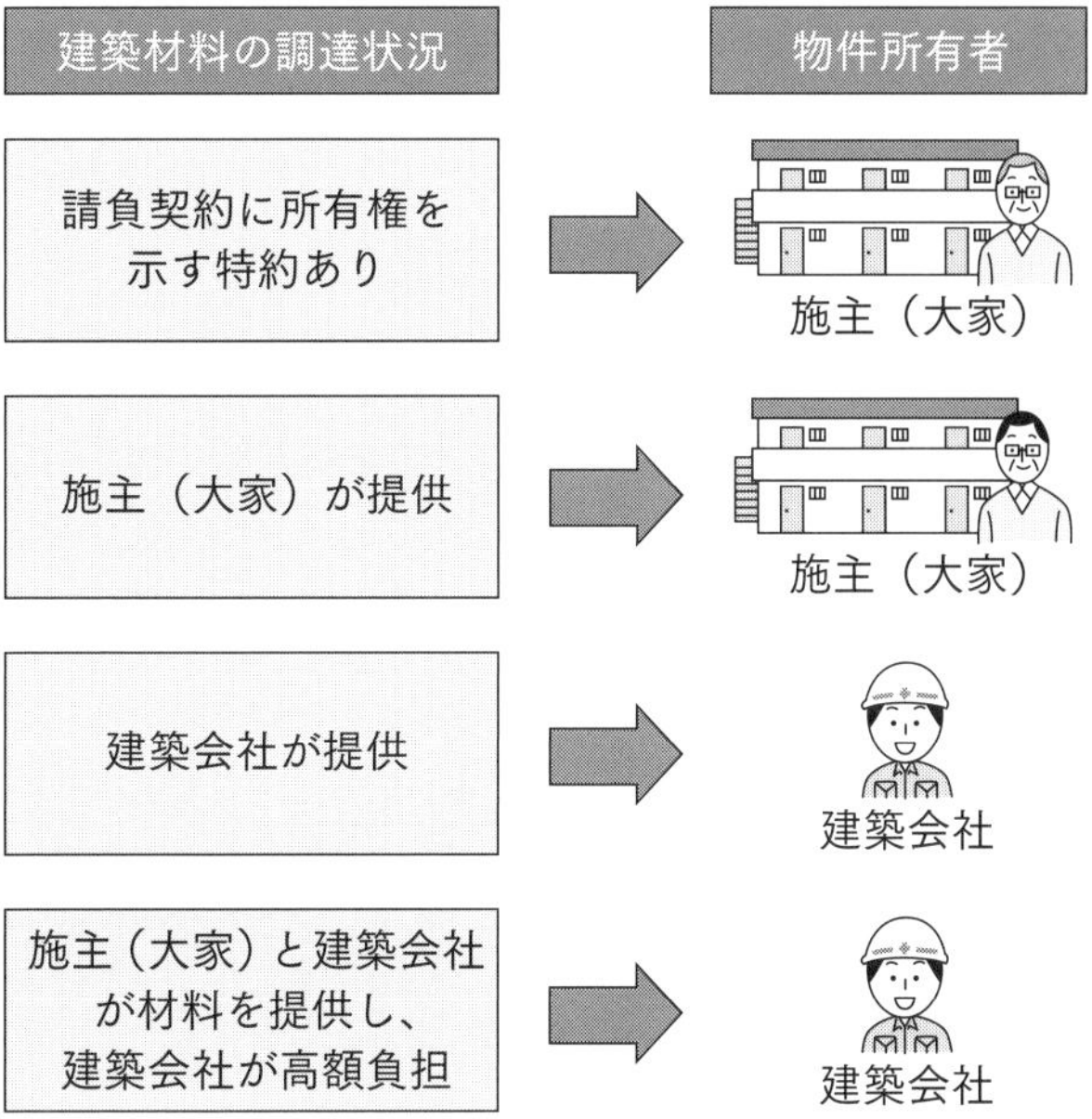

建物を建築する際、基本的には完成後に請負会社（建築会社など）が施主（大家）に引き渡したタイミングで所有権が移ります。ただし、請負契約時に所有権は依頼者に帰属する旨の特約を盛り込んでいた場合には、それに従うことになります。特約がない場合、建築するための材料をどちらが提供したかによって判断されることが一般的です。

破壊、取り外し」することなどがあります。
そういったことをなくすために問題発生時には、下請業者へ速やかに権利主張のための「内容証明書（警告文含む）」の送付をしましょう。また敷地へのバリケードにくわえて、警告文での告知（刑法130条　住居侵入罪＋刑法235条　窃盗罪＋刑法261条　器物損壊罪）を目に見える範囲に告知します。

最後に引継ぎです。元請業者が倒産する可能性があるために請負契約を解約すると、出来高精算（どこまで工事が進んでいるか確認して、金額に換算すること）が必要となります。債権問題が残ったまま放っておいて元請業者が倒産ともなれば、破産管財人も債権が存在しているため出来高精算に動いてくることになります。
そのため出来高金額など双方の合意が取れればベストで（一方的な通知では債権問題は残ったまま）、さらに出来高金額に公正さが担保されるような当事者同士の合意金額だけでない客観的な証明も必要です（他の2、3社の出来高金額についての査定額、次引継会社による完成のための金額査定など）。

これらの3つ全てが網羅されたものが書面化されていれば客観的でありベストです。私の場合、あらかじめ覚書を作って面談の際に持参しました。その場で「これにハンコを押してくれればいいですよ」と渡すことで合意ができたのでスムーズでした。

ポイント2 迅速な所有権問題、引継問題の解決

私は9棟目で建築会社の社長から追加払いを求められたところから、ずっと黄色信号が点灯していたので、ネットで毎日、建築会社の検索（会社名と社長の名前）をしていました。

たまたまインターネットの建築系掲示板で下請業者が投稿したと思われるネガティブな記事を見つけ、「そろそろ危ないかな?」と覚悟しました。その記事には「支払いが滞っているヤバい会社」という内容が書かれていました。

よく聞くのは倒産する建築会社が「大丈夫です！」とずっとウソをついたり、電話に出なかったりなど言い訳をして逃げられることです。

私の場合は、すぐ所有権移転の話をしました。基本的に「大変ですよね」「そういうこともありますよね」と肯定・共感をして、協力的なコミュニケーションが取れており敵対はしていなかったのです。

もしも他の投資家と一緒になって「どうなっているんだ！」と騒いで攻撃していれば、

どんどん社長の精神状態も悪くなり、そのうちプレッシャーに耐えきれなくなり連絡がつかなくなってしまいます。

後に私はいろんな人の相談に乗っていますが、不動産投資家には問題を解決するときの動き方が3パターンあります。

・即時決断する人たち

どういうふうに解決できるかは分からないけれど、「とにかくこいつらはもうダメだ！」と決断してすぐに動く。今回そのパターンです。

・保留する人たち

損失が出ても問題を先送りにし保留している人が少数でもいます。

・なかったことにする人たち

「私はこの先どうなるんだろう？」と考えることを放棄し、他人事に捉える人たちです。

このうち、その多くの人たちは「保留」にします。目に見える危険になったら「動かなければ！」と焦りますが、今はまだ分からないから、とりあえず様子見する人たちです。

なかったことにして無視を決め込むのは最悪ですが、それでも保留のパターンも大きなダメージを受けるケースが多いです。

これは、損失が小さいときに保留して、損失が大きくなってから慌てて動き出しますが、そのタイミングではすでに遅いのです。これは銀行が取り付け騒ぎで倒産するときと同じで、窓口に殺到してパニックになり、対応が雑になる、または人が多すぎて対応すらしてもらえないのと同じです。

だから早期に動くのが大事です。ダメになる可能性が100%ではないにしても、80～90%であれば確実ではなくても確信で動きます。所有権の問題や、この工事はどう引き継いで、どうしていくかの話を人任せにせず決めておきましょう。

そのための事前準備が先ほどの「ポイント1」の書面化です。こちらが敵対的でなければ、彼らが話し合いの席についてくれる可能性が高いです。話し合いの具体的な内容としては、中途半端な工事をしている物件の所有権を移転させることです。本来は工事をしている間は建築会社のもので、工事ができたあとに引き渡しを行い、所有権移転の手続きをするのを前倒しして、今すぐこちらに移します。

「そのあとの工事はこちらに任せてください。そのためにも、いったん建築請負契約を解除しましょう」と書面を結びます。その際に責めてしまったら、ほとんどはのらりくらりとかわし、そのうち社長がプレッシャーに負けてしまいます。

どこかに消えて連絡が取れなくなることも多く、電話が繋がったとしても「やります」とやるやる詐欺のように言うだけで表に出てきません。そうやって問題の先送りをしているうちに、どんどん他の大家さんの被害件数も顕在化し始め問い合わせが殺到し、「もうダメだ……」と逃げてしまいます。

そこで「ポイント2」の早めの合意解約です。「現時点で請負契約を解除したときの所有権は私たちのものですよ」という合意を取るということです。建築会社に対しては「覚書などこちらが代わりに迅速に作る」「精算は次に引き継ぐ第三者が算定し客観的に行う」「終始、敵対的にならず協力的に対応する」ということで、説得しやすくなります。

また、明け渡しの合意も同様にして取り付けましょう。明け渡しというのは「占有」を解除することです。占有とは、工事の人たちが材料を置いて居座ってしまっているイメージです。

所有権はAさんのものですが、Bさんが占有しているからAさんが使えません。「明け渡す」とは、その占有を解除することです。建築会社に対して、「もう自分たちは占有していないこと」を確認してもらいます。それが明け渡しの合意です。

ポイント3 現場保全問題の解決

続いては、現場の保全です。書面によって現状引き渡し、所有権も移転した状況でいったん私のものになっているのですが、下請業者がそれを知らない場合もあります。まだ建築会社が管理しているものだと思って勝手に入ってくることもあり得ます。

だから「知らなかった」では済ませないために、内容証明で確実に相手の手元へこの書面が渡るのを2つのパターンで「必ず知っている」状況をつくり出す必要があります。

内容証明は必ず相手に渡るものです。現場にも警告文を置いて、「見ていないなんてあり得ない」という状況をつくり出します。内容証明と現場の警告文の2種類を用意することで、完璧に「ここは私のものだ。あなたたちに権利がないから不法侵入になります」と知らせます。

その際に私が注意したのは「契約解除の強調」と「刑事告訴の強調」です。

契約解除とは請負契約を解除して「所有権はこちらにある」と通達。ただし、鞭だけでなく飴として、いい話も書いています。「私たちは、あなたたちをすべて切るわけではなくて、お仕事を続けてもらうところにはまた依頼します。だからちょっとお待ちください」としました。

刑事告訴の強調とは「ただし勝手に入ることは許可しない。勝手に入ったら刑事告訴します」としました。

事件には、民事と刑事があるのですが、私が特に強調したのは刑事事件のほうです。民事はお金で解決できます。一方で刑事事件は警察が動くから、相手が「やめてください」と言っても止まりません。それほど刑事事件は大変なので、内容証明にも「刑事告訴する」ことを強調して、現場に貼り紙をして、どんな罪にあたるのかを記載しています。

侵入したらこのような罪に該当する。これを「俺たちのものだから」と勝手な判断で物を取り外したら、「窃盗罪や器物損壊罪になる」としました。具体的に弁護士名も記載して、「この弁護士が対応します」と書きました。

私は被害を受けませんでしたが、八つ当たりの破壊行為、まだ取り付けていない機械を持ち帰る、設備などまだ使える物を剥がして持って帰ると聞いたことがあるので、それを防止するための策を練りました。

なお、下請業者にお金を払っていないのに、「資材は置いていけ！」と言ったら抵抗されるのではないかと心配になりますが、ここは「善意の第三者」という言葉があります。

この工具はAさんのもので、この資材はBさんのものと聞かされていたなら、返さないといけません。ただ契約としては、私は建築会社にお金を払っており、建築会社が全ての工事を請け負っているのだから、私が約束する相手は建築会社です。

要するに建築会社と取引をしているAさん、Bさんは、私からすると知らない相手です。ですから、善意の第三者として「知らない」と言えるのです。これは盗品が売られていて、知らないで買った人が罪を問われないのと同じです。善意の第三者だから罪はないのです。

下請業者への内容証明通知例

[redacted]

[redacted]

[redacted]の債務不履行について

拝啓

時下ますますご清祥のこととお慶び申し上げます。平素は[redacted]の新築アパート建築でのご協力誠にありがとうございます。

さて、早速ですが、掲題の[redacted](以下、同社)について、当社は[redacted]を含む都内2物件の建築について請負契約を締結しておりました。しかし、取引先への支払遅延・未払いを原因とする大幅な工事遅延による信用不安 及び 弊社から同社への支払金額に対する現時点での大幅な出来高不足を債務不履行とし 2019 年 7 月 28 日時点で、同社との請負契約を解除しております。

弊社では現在は建築進捗状況の情報引継ぎ 及び 同社取引先との取引状況を把握する情報精査を行っています。また、2019年 9 月中旬～下旬頃に、新請負会社との請負契約を実施する見込みです。

このため、上記記載の 2019 年 9 月中旬より順次、取引先様と新・請負会社様とで協議を行い、[redacted]との未払い債権がある場合は買取交渉を実施させて頂く予定です。満額の保証をするものでは決してございません。双方の損害を可能な限り減らしつつ、未来利益を求める建設的な協議が目的です。[redacted]との本件に関する取引状況がわかるもの(入金、請求、見積明細)などをご用意の上で、ご連絡の程よろしくお願い致します。以下に、新・請負会社の連絡先を記載致します。

[redacted]

また、御社には全く無関係のこととは存じますが、同封の掲示を現場に掲げております。もし、私有地侵入や現状破壊などが現地設置防犯カメラから確認された場合は、大変遺憾ではありますが刑事・民事共に断固とした処置を行いますので何卒お気をつけ下さい。

以上、誠に申し訳ございませんが、事情ご賢察賜り、何とぞ新請負会社との[redacted]への未払い債権買取の連絡まで、現場の現状維持にご理解のほど宜しくお願い致しますようお願い申し上げます。

敬具

敷地へのバリケード例

警告　私有地

本件敷地及び敷地内の一切の動産は

[redacted]が所有権私有・占有しています。

私有地に無断で入り込む行為は住居侵入罪(じゅうきょしんにゅうざい)となり、刑法130条前段に規定される罪にあたります。

> 刑法130条　住居侵入罪
> 本警告文を超えて侵入開始した時点で既遂とみなされます
> ・3 年以下の懲役
> ・10 万円以下の罰金

また、私有地内の占有器物を破壊・持ち出す行為は窃盗罪(せっとうざいさい)・器物損壊罪(きぶつそんかいざい)となり、窃盗罪は刑法235条、器物損壊罪は刑法261条に規定される罪にあたります。

> 刑法235条　窃盗罪
> 占有侵害行為を開始した時点に着手とみなされます。
> ・10 年以下の懲役
> ・50 万円以下の罰金
>
> 刑法261条　器物損壊罪
> 損壊が発生した時に既遂となります。
> ・3 年以下の懲役
> ・10 万円以下の罰金

現在は私有地への不正侵入防止のため、防犯カメラを設置しております。

上記警告に違反する事実が認められた場合は、
顧問弁護先である[redacted]法律事務所より防犯カメラの映像を警察に届け出した上で「刑事告訴」、「民事損害賠償訴訟」を行います。

ポイント4 設計・施工分離にする

ポイント4は、設計・施工分離です。一般的には物件の設計から施工を建築会社に頼みます。そして、その建築会社に所属する建築士が、同じ会社名で確認申請をします。これは破たんしたUBMもそうでした。

それが普通ですが、私は基本的に設計・施工分離という形にして、建築士はあえて建築会社に所属していない独立している人に依頼していました。

命令系統でいうと施主（投資家）が一番上で、次が建築士です。建築士は建築会社を監理します。管理の「管」も、一般の管理ではなくて監査の「監」、設計監理の「監」です。非常に厳しく見る「監」です。

私はそういう体制にしていたこともあり、下請業者の情報を除き、確認申請図原本・副本などは全て建築士が握っていたのです。また、現時点の状況についても把握できていました。

当時、私の周辺ですでに何人かの投資家は、建築会社が工事を放り出して逃げたり、そのあげくに倒産したりといった被害に遭っていました。その人たちから「建築書類だけは建築会社に逃げられて入手できなかったら、どうしようもないからね」と聞いていたのです。弁護士に聞いても「建築書類一式がないとダメ」と言います。建築書類を手に入れられなかったら、工事を進めることは不可能で取り壊すしかありません。

建築士というと、「デザイン性を重視した建物を作る役割」と認識をしている人も多いですが、特徴ある建物や内装など、デザインにこだわりたければデザイナーでよくて、建築士に依頼する必要はないのです。

それでは、建築士の役割は何なのかといえば「建築の法律家」です。図面を描いているし、デザインもやるから立ち位置が分かりづらくなるのですが、彼らは建築基準法や消防法などの法律をクリアするプロです。実際に建築士には「独占業務」としていろいろな権利が付与されています。

建築士の設計フェーズでの役割を分かりやすいイメージにまとめると、「法律」という塀の上を歩きながらデザインも図面も描くこと。そこから落ちたら法律違反です。あと、もうひとつのイメージは新築のプランニングの際、ボリューム出し（どれくらいの規模の建物が建てられるか計算）をしてくれる職人的なプロです。

監理フェーズでは設計監理をする立場なので、書類を管理し、工事の進捗を把握していることで、それが最大のリスクヘッジになることを理解していない人が多いです。

さて、設計・施工を分離していないのなら、建築会社の社内にいる建築士を確保できればいいのですが、転職や退職をする可能性が高く、まともに引き継ぎもせず会社を離れてしまえば確認のしようがありません。とにかく書類がどうなっているのかいち早く確認することです。

まず担当者と個人的にでもつながって、情報共有を受けられるようにすべきです。この辺は運否天賦（運不運は天命であること）です。建築トラブルというものは、誰にでも起こり得るので他人事ではありません。

ポイント5　建物の状態（工事の進捗）を把握

倒産した建築会社が放り出した、中途半端な工事を引き継いでもらえる建築会社を探して、何としても建物を完成させなければいけません。いくら前の会社が倒産したとはいえ、その建物にトラブルがあれば、引き継ぎの建築会社に責任を持ってもらう必要があります。そのため、次の会社を見つけるのが難しいのです。

そこでまず行うのは、建物の状態を把握すること。そのためには、現場を担当していた建築士と施工管理者（現場監督）を探し出す必要があります。建築士だけではダメな理由は、建築士はいつも現場にいるわけではないからです。建築士と施工管理者はセットです。建築士は図面を引いているので、いわば〝机上〟の担当で、施工管理者は図面通りに工事を進めるための現場の監督なので両方が必要です。

ところで、建物の状態把握をしなければ絶対ダメなのかというと、そうでもないのですが、そのぶん新しい建築会社の作業が増えて、コストと工程に跳ね返ります。いっそ取り壊して新築でやり直したほうがいいくらいの見積もりが出てくる場合があります。それは建築士がついていてもそうなります。請ける側がどのくらいリスクを感じるかによりますし、単純に工事の進捗によるところもあります。

最悪なケースでは、外壁塗装や外壁材も施工されていない状態で、しばらく吹きさらしになっていれば建物は傷みます。それならすべてやり直したほうがいいのは当然の話です。これは施主が情報を可能な限り明らかにして、なんとかして対応してくれる建築会社を探すしかありません。

私の場合は担当の施工管理者をつかまえて、「私がお金払うから、しばらく現場の施工管理をしてください」とお願いしました。

その中で建築士とやり取りしてもらい、現場の状況を正確に把握しました。それでまず指定確認検査機関（建築基準法に基づき、建築確認申請における確認検査を行う機関）のひとつであるＪＩＯ（日本住宅保証検査機構。住宅瑕疵担保責任保険や住宅の性能表示、基準の適合証明などを行っている）に対して、今後どういうことをしないといけないのかが明確になりました。これが明確にならないと引き継ぎした建築会社は動きようがありません。とにかく次の建築会社がバトンを受けやすいようにしなければいけません。なぜなら次の建築会社が建物の補償を負わなくてはならないからです。

ＪＩＯで確認申請、中間検査、完了検査がありますが、これらは住宅瑕疵担保責任保険を取得する一環の手続きです。ＪＩＯが完了検査までやると住宅瑕疵担保責任保険が発行されます。それぞれが独立しているのではなく、紐づいているので住宅瑕疵担保責任保険の発行会社が検査するのです。

ＪＩＯが検査をして、「この建物はちゃんとできている」「言ったとおりちゃんとつくっている」となれば保険を発行します。だからＪＩＯと住宅瑕疵担保責任保険とはセットになるのです。

本来なら建築会社が契約して、その建築会社が検査を進めなければいけないと法律で決まっており、きちんと検査を受けて通ることで、次の保証が受けられます。

①お金を供託、国に預けて、何か問題があったときはそのお金で何とかする
②住宅瑕疵担保責任保険に入って、何かあったときにはこの保険から賄うようにする

例えば躯体《くたい》に重大な瑕疵があったとき、建築会社が倒産しても保険に入っているので重要な瑕疵をあとから直してもらえます。そのためにも検査を受けて、一定の基準の建物になっている証明を受けなければいけません。

その契約に関しては国で決められており、建築会社とＪＩＯ、住宅瑕疵担保責任を保証する機関が担っています。

これが、現状では検査途中で倒産してしまったわけです。つまり、検査途中で宙ぶらりんになってしまったところから建築会社探しがスタートします。これをちゃんと引き継いでやってくれる建築会社を見つけなければいけないのです。

ですから、この「ポイント５」もなかなか難しいのですが、なんとか現状を把握して、次の建築会社を見つけ出しましょう。

ポイント6 トラブル発生時はコストよりも信用&問題解決スピード

建築トラブル発生時において大事なのは、「次の建築会社を見つけて、お金で問題が解決できるのなら多少は高かろうとも解決しましょう」ということです。とにかく信用回復と解決をスピーディに行う必要があります。目安は2~3か月です。長ければ長いほど後述する銀行との問題が起こりやすくなります。

金額が希望通りではなかったとしても、私からすれば見積もりを出してくれただけで御の字です。その中で信用できるところがあるなら、さっさと進めましょう。投資家は「損失を小さくしたい」という希望があり、もっと低い金額の見積もりを見つけようと動きたがります。

結局のところ、どこも見積もりが高く、最初の見積もりで頼みたいとなっても「そんな時間が経って依頼されても……」と断られる負の循環が発生しがちです。時間をかければかけるほど、途中で放置されている現場が傷んでいきます。その間に建築会社が倒産したら、さらに手をつけられなくなります。

破産管財人(破産者が保有している財産を管理・処分する権利を持つ人)がついた資産に対して触ったら法律違反です。だとすれば、お金の問題ではなく本当に死活問題。破産管財人が入っている1～3年の間、「銀行が待ってくれるのか」という問題に直面します。この辺の感覚は当事者であっても理解できていないことが多いです。

仮に1億円を持っていて、4000万円の損失を「2000万円にしたい」「3000万円にしたい」と動くのなら、とにかく4000万円や、今ある一番低い見積もりで解決したほうがいいでしょう。

先送りにすると4000万円どころの問題ではなくなります。それこそ貸してもらっていたお金を「すべて返せ!」となったら、1億何千万円を返す話になります。銀行とトラブルになったら1つの新築トラブルからクロスデフォルトまで発展し、他の銀行も一括返済の話になります。

だから1つのことが大きく波及するリスクも考慮すべきです。もちろん4000万円のキャッシュアウトは苦しいけれど、すべてご破算にするよりはいいでしょう。自分が持っている金額内のことであれば、とにかく問題解決を優先させます。

次の引き受け先があったら、とにかく工事を進めて、従来の計画にできるだけ戻していくことに全力を注ぎましょう。

私が実際に行ったことは新引継建築会社探しです。

今までにツテがあった建築会社＋新規建築会社に問い合わせるも、問題が生じた物件を引き継ぐのはどこも嫌なのか返信が来なくなる、音信不通がほとんどでした。そんな中、今までに2棟（知り合いの紹介も含めたら5棟）作ってもらっていて懇意にしていただいている建築士が建築会社も併せて経営しており、男気で協力を申し出てくれました。

もし、弁護士に相談したら「債権問題が全て解決してからが良い」と言われるでしょう。法律家がいう法的に問題ない状況を望めば、もっと長びきました。実際、建築会社が倒産したら破産管財人が出てきて、工事着手すらできなくなってしまいます。結果的には損切りで流出コストを覚悟して、コスト以外の問題解決を先行したのが、早期の全体解決につながりました。

ポイント7 出来高払いにする

最初の契約から出来高払い（前払いではなくて、工事の進捗に合わせての支払い）にすべきです。私はこのときは出来高払いにしていなかったので、トラブルがあってからは出来高払いにしています。

ここでは、出来高払いにするための手順をお伝えします。まず建築会社に対しては、通

私のトラブルにおける自己負担額

▶今回の損失による自己負担額の差額		8棟目	9棟目
当初計画と最終費用の差額（追加費用の自己資金）	当初計画予算	1億3500万円	1億3800万円
	最終費用	1億4816万円	1億5322万円
	1）自己負担差額	▲1316万円	▲1522万円
既支払金と出来高の差額	既支払金	2068万円	5048万円
	出来高	263万円	2424万円
	2）自己負担差額	▲1805万円	▲2624万円

※太枠＝出来高が足りなく毀損した金額（自己負担となったもの）

常の着工時・上棟時（躯体工事の完成）・竣工時（全工程の完了）の3回に分けての支払いよりも、出来高払いのほうが毎月ごとに建築費用を支払えることで、納得してもらいます。建築会社としてもまとめての支払いではなく、工事進捗に合わせて支払いが発生するため、資金繰りがよくなり悪い話ではありません。

融資についても優秀で慣れている銀行員でないと出来高払いの実現方法は知らないケースもありますので、こちらから出来高払いでもできることを伝えます。

ただし、出来高払いは設計・施工分離でないと難しいかもしれません。なぜなら建築会社に在籍する建築士に進捗確認を頼んだ場合、建築会社寄りの査定をされる可能性があるからです。基本的には設計・施工分離にした上で、建築士を自分のブレーンにして工程を把握します。出来高払いの支払い方は、つぎの方法があります。

・当該月の請求が建築会社から届いたら、建築士にチェックをお願いする
・その請求額の妥当性を判断してもらう
・請求書に問題がなければ、その90％を支払うという契約を結ぶ
・毎月10％ずつ貯金していくことが施主にとって保険になる

建築会社としても毎月の入金により資金繰りが楽になるというメリットがあるので、応じてもらいやすいです。なお、出来高払いを実現するためには、金融機関の「通知預金」というサービスを利用する必要があります。

通知預金とは、まとまった金額を短期間だけ銀行に預けたいときに適した預金で、私は、例えば全3回払いの1回目支払時に通知預金を利用しています。以降はそれを取り崩しながら支払うことができるので、実際には月払いのように支払うことが可能です。

ポイント8 経営者として最終的なリスクをとる

経営者として最終的なリスクをとる必要があります。損失額が見えたら「これだけ損する」と腹をくくるしかありません。そこの覚悟は必要です。

また、情報開示についてもリスク管理の一環になります。なぜなら、引き継ぎの建築会

社がすべての状況を知ってしまうと、引き受けてもらえない可能性もあるからです。開示しないほうがいい情報の例としては「工事済の建物の所有権に関してはまだ移転していない」です。私の場合は「ポイント2」のように所有権を移転しましたが、できていない人のほうが大多数です。そういった事情を説明してしまうと建築会社は動けません。

さすがに他人が権利を持つ建物の工事を請け負い、自分たちが後でリスクを負うのは嫌でしょう。ですから、細かい説明はせずに「全ての問題は自分が負うから大丈夫です。保証します」と約束する必要があります。施主がこれを言わないと業者は動けません。

言ってみれば元の建築会社が建物の所有権を持ったままなのに、「新しい建築会社に工事の再開を依頼したい」とお願いして、そこで民事の問題が起これば、「その責任は自分が負う」と言っているわけです。

所有権が移転していないことに対して、弁護士に「どうしたらいいのでしょうか?」などと相談する人たちは、軒並みもっと損をします。理由は、弁護士からの答えが「権利関係を確定してから動きましょう」だからです。もちろん、それが正論ですが正論では工事は進みません。

私の周りでこういった建築トラブルや倒産を経験している人たちは、「弁護士のアドバイスは正論だが、現実的ではない」と、みんな口をそろえて言います。そして「全ての責任は俺が持つ！」と決断しています。

工事ストップという不測の事態を乗り切って、事業を拡大している人たちは1人の例外もなく、みんなリスクを負って進めています。その結果、最短で事業を拡大しており、損失も少ないのです。

▼私がした経営判断

私が考えたのは次のことです。

「損失（キャッシュアウト現金）は税引き後利益の蓄積の結果。これを貯めるのにどれくらいかかるのか？　すぐに税引き後の現金で7000万円払えるのか？　それを払うためには税引き前利益で1億円以上を稼ぐ必要がある」

当時の現金資産は合計7700万円でした。損失を補填できる金額を持っているとしても全て動かせるわけではありません（拘束性預金＝定期預金も含んでおり、他銀行口座に少しは置いておく必要性もある）

そんなときに新引継会社から「元請や下請との問題は解決しているのか」との確認がありました。工事を引き受けたら新引継建築会社は将来の瑕疵担保責任を負う必要があり、（長期放置された物件でも）新引継建築会社からすれば大きなリスクとなるため、詳細を確認されたのです。

経営者として「刑事罰にならなければいい。民事の問題なら全ての責任を負ってやる」と覚悟を決めて、「全ての責任は取る」と伝えました。幸い完璧とは言わないまでも所有権移転合意など最低限の法的根拠はあったから、このような判断ができました。新引継建築会社を善意の第三者にする（不必要なことは言わない）、全ての責任は自分が負う、と明言し、新たな引継建築会社と請負契約を結ぶことができました。

ポイント9 融資では「証書貸付」か「手形貸付」かが重要

建築トラブルが起こり、工事が予定通りに進まなければ、融資にも関わってきます。金融機関からすれば、計画通り建物が竣工することを前提にお金を貸し付けているため、予定通りでなければ「貸した分を返してくれ」「もう貸さない」となりかねません。

そして特に理解してほしいのですが、クロスデフォルトだけは絶対に回避しないといけません。クロスデフォルトとは、1つの債務がデフォルト（債務不履行）になった場合、他の債務もデフォルトとみなされることを指します。融資を前提に行う賃貸事業ではまさに経営危機となる致命的な事態です。

第3章でもお伝えしましたが、融資においては、「証書貸付」と「手形貸付」の違いが一番のポイントです。証書貸付では融資の実行にあたり、金融機関と金銭消費貸借契約書を交わします。手形貸付では融資の実行にあたり、貸付先振出の約束手形の交付をするものです。

手形貸付は審査期間の短さ、印紙税の安さなどから「つなぎ融資」（建物の引き渡し前に発生する費用支払いのため一時的に利用する融資）など一時的な資金調達に利用しやすいメリットがある半面、不渡り（手形が決済できないこと）を出した際のリスクが大きいのが特徴です。

不動産投資家は銀行からお金を借りることに対して熱心ですが、貸しはがしに対して甘く考えすぎです。貸しはがしとは、銀行が借り手の事情を考えずに資金を強引に回収する行為で、貸しはがしにあった個人・法人は、資金繰りに苦しみ倒産しかねない危機的状況に陥ります。

「『半沢直樹』のようなドラマの世界では起こっても、現実には起こらないでしょう？」と思い込んでいるかもしれませんが、手形貸付だと本当にそれがあり得るのです。不渡りが出た途端、自動的に不渡りリストに載り、全銀行に通知が行きます。1つの物件の融資トラブルが、他の融資取引にも影響するのです。不渡りとは手形が決済されず、受取人に現金が渡らない状態を意味します。

手形貸付では決済期日をまたいだ途端にアウトとなり猶予は与えられません。銀行からしても不良債権として銀行決算書に載ることを避けたいのです。

一般的に不動産投資での融資は証書貸付ですが、建築中の「つなぎ融資」に関しては手形貸付のケースも珍しくありません。

くれぐれも自分がどんな融資を受けているかをしっかり確認し、できれば融資相談の段階から証書貸付を要望しましょう。その上でトラブルが起こった際は、他金融機関からの運転資金などの融資調達も検討しましょう。

▼私の身に降りかかった〝貸しはがし〟体験

私の場合は新引継建築会社も決まり工事がいつ再開になるかも決まったタイミングで、まったく予兆なし・予告なしで金融機関から一括返済要求がありました。

金融機関の言い分は、「竣工までのつなぎ融資はその都度期日があるためいつまでも放置はできない」でした。

そのときの私は再度期日延長の手続きをお願いするために面談を申込みました。担当者と、事前予告なしになぜか上長数名との突然の面談です。担当者の顔はビジネスライクに変貌し、言葉は丁寧なのに圧倒的に距離を感じる口調です。部屋がヒリヒリとした緊張感に包まれ、何が起こるのかと心臓の鼓動はバクバクと早まっていきました。

すると「当行では、つなぎ融資の期日延長はできません。残り1か月もありませんが期日までに借り換え先を急いで探してください」と、やんわりとした言葉で明確な一括返済の要請を上長から説明されました。

「そんな1か月以内に何とかしろと言われても無理です！」と伝えるも「大変申し訳ありません」と取り付くシマもありません。「銀行は雨の日に傘を取り上げ、晴れの日に傘を貸す」というのは本当だというのを実感しました。せっかく再開までの目処がついても資金が解決できなければどうしようもなく、私の頭に「破産・倒産」という文字がちらつきました。

その後、弁護士に相談してわかったことは、「証書貸付」「手形貸付」の違いでした。今回の「つなぎ融資」は「証書貸付」だったのです。繰り返しになりますが、手形貸付は原則として期日一括返済であり、期日を超えたら不渡りとなります。

証書貸付は、借りた時点で完済までのスケジュールが確定する分割返済をする契約であり（きちんとスケジュール通りに返済がされていればＣＩＣやＫＳＣなど信用情報機関に信用リスクが登録されることはなく）、一括返済の強制執行などを行う場合には債務名義取得に裁判を必要とします。そのため、期日変更には金融機関との契約書について変更合意が必要であり、双方が合意できなければ裁判で権利を確定する流れになります。

金融機関の合意を引き出すための交渉が必要になると弁護士に助言を受けて、「よし、それなら裁判も含めて覚悟を決めてやればいい」と考えました。

当時は新型コロナウイルスの感染拡大で影響を受けた事業者が多く、金融庁が「事業者の実情に応じた資金繰り支援等の徹底について」という通達を金融機関に出していました。

貸付期日までに変更手続きをしないのであれば、弁護士から金融庁の通達に沿って必要な支援を行わなかったという経緯を金融庁に報告し、信用金庫の本部宛てにも内容証明を発送。その後に裁判を通じて裁判所に主張の可否を裁定してもらう方針である旨を明確に伝えました。これらのやりとりは、録音機を使い意思表示を証拠化しました。

担当銀行員はサラリーマンで上司もサラリーマン、ならば保身に走るだろうと見込んだところ、交渉はうまくいき、貸付期日までに返済期間を変更してもらうことができました。

ポイント10 キャッシュアウトのリカバリー

今までのポイントは比較的、「ダメージを減らす」「予防する」内容が多かったのですが、ここからは実際に受けたダメージであるキャッシュアウトをリカバリーする、制度融資による追加融資についてお伝えします。

まずは日本政策金融公庫の「経営環境変化対応資金（セーフティネット貸付）」という制度融資、それから保証協会の国や自治体による制度融資です。ポイントは、金融機関や通常の銀行に対しては何かしら銀行のリスクを下げる融資の制度を使ってリカバリーできることです。

今回の損失による自己負担額の差額

金融機関	融資	金利	期間	借り入れあり 8棟目	借り入れあり 9棟目
日本政策金融公庫	コロナ融資	0.54%※1	15年		900万円
日本政策金融公庫	経営環境変化対応資金	1.44%	15年	1600万円※2	
信用金庫	セーフティネット保証4号	2.00%	10年		500万円
1)＋2) 各事例での借入総額				1600万円※2	1400万円
物件A＋Bの借入総額				3000万円	

注：※1）3年後1.44%　※2）既存物件抵当あり

融資期間が10年や15年と長いので、大きいお金を1回手元に置き、負担を分散できます。

キャッシュアウトのリカバリーには経営セーフティ共済（倒産防止共済）も使えます。これは個人の確定申告や法人決算で保険料という名目で経費にできるため節税目的で入るケースが多いです。私もその目的で入っていたのですが、結果的にはそれに救ってもらえました。

同共済のメリットは、貸付時には無利息で据え置き期間が6か月あることです。返済を5～7年に分散して、手元の現金を一気に失うリスクを減らせますし、既存の不動産CFがあれば相殺でき、危機を平準化できます。

詳細はパンフレットなどで確認いただきたいの

ですが、いくつか重要な点があります。

・加入後6か月以内の建築会社の倒産と、建築会社が夜逃げしてしまった場合には融資が受けられない
・融資を受けた金額の10％が手数料として引かれる
・掛け金を前払いしても当該月にならないと共済金の借入額算定の対象とはならない
・毎月の最大額が20万円で、最大12か月分を一気に払うことができ、その10倍まで無利子で融資を受けられる

例えば今月加入して最大額20万円×12か月分の240万円を払ったとしても、6か月が経過していないと融資が受けられません。今月、仮に建築会社が倒産したら支払った10倍の2400万円ではなく、今月に払った20万円に対してのみ、当該月にならないと、共済金の借入額算定対象とはなりません。

注意事項としては、いざというときに「経過年数が短いから少額しか補填できなかった」とならないためにも、新築の賃貸住宅建設に着手したらすぐに加入しておきましょう。

建築紛争で先払いしたものを返金してもらう権利を、前渡金請求権といいます。これは倒産防止共済の貸付対象ですが、通常の売掛金と違い、審査手続きはかなり厳しい印象です。法的な合意書が書面化され、それが時系列として分かることが必要です。私の担当者からは「建築問題で前渡金請求権を見たのは生稲さんが初めて」と言われました。審査手続きを進めるためにも、工事経過ごとに書面として証拠を残しておくと安心です。

▼私の使った追加融資

私の場合は、一時キャッシュアウトした7300万円相当は、経営セーフティ共済貸付と追加融資でなんとかしのぐことができました。

詳しい数字は224ページ表をご確認ください。この上段の表の「A追加で支払ったお金」とは、当初計画時の取得費用から、引き継ぎ後の最終費用を差し引いた追加金額。「Bすでに支払って戻ってこなかったお金」とは、すでに支払った金額から、出来高（工事が終わっている分）を差し引いた過払いだが返金されない金額です。

中段の表では「A追加で支払ったお金」を日本政策金融公庫と信用金庫から保証協会融資を受けて、手持ち資金がプラスになったことを表しています。

追加融資と経営セーフティ共済貸付の有無による自己負担を最小化する取組みの違い

損失を長期的に平準化し分散することにより、一括での現金支出による損失対応ではなく、月々の収入で分散しての損失対応が可能です。

▶私の損失額の含み

		8棟目	9棟目
A 追加で支払ったお金	当初計画予算	1億3500万円	1億3800万円
	最終費用	1億4816万円	1億5322万円
	1）自己負担差額	①▲1316万円	③▲1522万円
B すでに支払って戻ってこなかったお金	既支払金	2068万円	5048万円
	出来高	263万円	2424万円
	2）自己負担差額	②▲1805万円	④▲2624万円

▶ Aをカバーする

金融機関	融資	金利	期間	8棟目	9棟目
日本政策金融公庫	コロナ融資	0.54%※1	15年		900万円
日本政策金融公庫	経営環境変化対応資金	1.44%	15年	1600万円※2	
信用金庫	セーフティネット保証4号	2.00%	10年		500万円
1)+2)　各事例での借入総額				1600万円※2	1400万円
追加の借入総額				3000万円 ①+③のカバーができた！	

注：※1）3年後1.44%　※2）既存物件抵当あり

▶ Bをカバーする

経営セーフティ共済の貸し付けなし		再度負担すべき自己資金	経営セーフティ共済の貸し付けあり	
8棟目	9棟目		8棟目	9棟目
▲1805万円	▲2624万円	2）自己負担差額	0円	0円
①+② ▲3121万円	③+④ ▲4146万円	1)+2）各事例での自己負担	▲1316万円	▲1522万円
▲7267万円		自己負担の合計	▲2838万円 ②+④のカバーができた！	

こうしたトラブルで常に使える融資では、日本政策金融公庫「経営環境変化対応資金（セーフティネット貸付）」（取引先の倒産などによる損失をカバーする融資）が有名です。

その他、日本政策金融公庫には商工会議所や商工会などの経営指導を受けている小規模事業者が、経営改善に必要な資金を無担保・無保証人で利用できる「マル経融資」もあります（窓口は商工会議所・商工会）。

保証協会による「セーフティネット保証4号」も使いやすい制度融資（各自治体・金融機関・信用保証協会が連携して実行する融資）です。保証協会の融資は地銀・信金・信組など近くの金融機関に相談してください。

なお、日本政策金融公庫によるコロナ融資は、有事の緊急融資であり現在は使えません。こうした公的な融資情報は、商工会議所で得ることができます。

下段の表は、「Bすでに支払って戻ってこなかったお金」が、「経営セーフティ共済（中小企業倒産防止共済制度）」を使うことで、自己負担がゼロになったことを表しています。これは取引先事業者が倒産した際に、中小企業が連鎖倒産や経営難に陥ることを防ぐための貸付制度です。

こうして私は日本政策金融公庫・信用金庫（保証協会付き融資）・経営セーフティ共済、それぞれの融資を受けることで、自己負担を最小化（むしろプラス）できました。

コラム

あんしん保証・EMA倒産保証

最後に、倒産に備える保険の紹介です。「住宅完成保証制度」とは、建築中に施工会社の倒産等で工事が継続できなくなった場合に、建て主が最小限の追加負担で住宅を完成できるよう保証する制度です。主に「一戸建て」「個人」が対象となり、いくつかの保証会社がありますが、「株式会社住宅あんしん保証」は請負金額や施工面積に条件があるものの集合住宅も対象としています請負金額3600万＆500㎡以下という制限がある)。施工店倒産時保証制度もいくつか条件があるものの、収益物件に対応しています。私は利用していませんが、今後使ってみたいと考えています。

第5章

新築不動産投資【実践編～攻め】

～利回りアップの具体的手法を、ステップごとに学ぶ～

20 攻めのノウハウを3つのステップで学ぼう

第5章では実践編として、失敗回避ではなく利益を積極的に得るため攻めの投資として、新築不動産投資ノウハウをより具体的に学んでいきましょう。次の3つのステップにして解説します。

ステップ1「3つの失敗」を理解した上で攻める
ステップ2「新築投資手法」を理解した上で攻める
ステップ3「建物構造ごとの特性」を理解した上で攻める

ステップ1 「3つの失敗」を理解した上で攻める

前章の「守り」の重要性の再認識と合わせて、私の新築不動産投資実績の紹介&実績の統計からミスしなかったらどのようになったのか、具体的な数字を出してシミュレーションを提示します。

4棟目　建築条件付き新築

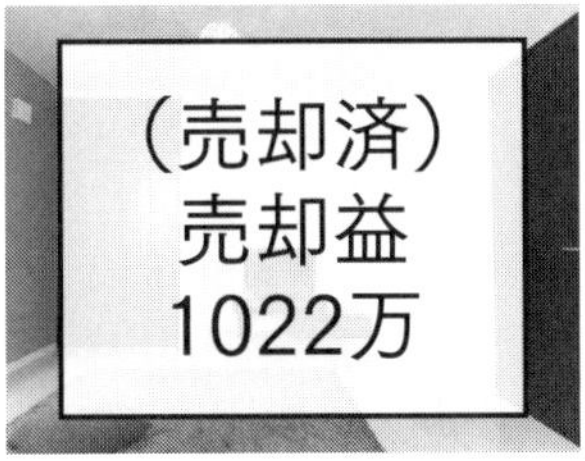

【購入】2017/4
4,303万（利回り8.1％）
【売却】2022/3
4,750万（残債3,728万）

【融資】都銀Ｂ　変30年（金利1.7％）4300万
【立地】千葉市中央区（最寄駅　私鉄 歩8分）
【構造】新築　木造2階（1R×6）※劣化対策等級2級
（土地）133㎡（建物）136㎡

これまで私には13棟の実績があり、そのうち新築は7棟で売却したのは4棟です。伝えたいのは開発手法により、売却益がまったく違うことです。構造によっても変わります。

●4棟目／千葉市中央区　木造2階

【建築条件付き新築】

4棟目の千葉市中央区が初めての新築です。この時期は中古物件の価格が高くなりすぎたことに加え、築古の物件への長期間融資が難しくなってきていました。

2棟目で買った横浜市南区は、都銀Bから融資を受けましたが、ある程度時間が経ったので、「そろそろ次の物件に行きましょう」という話になりました。都銀Bに最近はどういう物件に融資しやすいのか確認したところ、新築がやりやすいとのことでした。それで「楽待」「健美家」で探し始めたところ、利回り９％を超える建築条件付き新築を見つけ、購入することができました。

４棟目を進めていく課題としては次がありました。

①最初に建物企画が決まっているので、したいことができなかった（壁紙変更だけ）

②「この家賃で貸せます」と業者計画では利回り９％超だったが、結果は８％だった

要するに物件が建ったタイミングで、周辺にライバルがいっぱいあり、最初に想定していた家賃では貸せなかったのです。やはり人任せはダメだと痛感しました。

そんな経験をしているときに、大家会に出向くと業者主導の企画案件ではなく、「土地から探して自分でプランニングしている」人たちがいて、当時は都内でも利回り８％を出していて驚きました。

私が持っていたそれまでの新築の情報は、狭小ワンルームのアパートメーカーの企画付

5棟目　土地から新築

【購入】2017/11
8,700万（利回り9.4%）
【売却】2023/1
11,600万（残債7,387万）

【融資】信金Ｄ　変35年（金利2.0%）8,300万
【立地】東京都江戸川区（最寄駅　JR 歩10分）
【構造】新築　木造3階（1K ×9）
（土地）157㎡（建物）221㎡

き物件で、神奈川県内で20平米にも満たない部屋に家電を付けてなんとか利回り9％でした。もしくは、普通に都内で売っているものは利回り7％程度の物件です。

狭小ではなくきちんと20平米以上の占有面積を確保できた上で都内でも利回り8％は希少です。極論を言えば「利回り8％で作って、数年後に利回り7％で売ったら売却益も出るのでは？」という考えが働き、何とかやってみたいと思いました。

そこで利回り8％で新築を作っている投資家さんに、「それはどうやったらできるの？」と話を聞いて、最終的に石黒高志さんという建築士にたどり着きました。そこからスタートで、初めて土地から新築を建たのが東京都江戸川区です。

●5棟目／東京都江戸川区　木造3階【土地から新築／設計・施工分離】

土地を探して建築士さんに見てもらい、ボリュームチェックといって物件が建てられるか確認してから土地を購入します。建築会社は建築士さんから紹介していただきました。東京都江戸川区の新築アパートは利回り9・4％を達成。周りからも高く評価いただきました。

●6棟目／千葉市中央区　重量鉄骨造4階【土地から新築／設計・施工分離】

次は6棟目です。最寄り駅から10分圏内に4〜5階建てが建てられる土地が非常に安い値段で出たのです。大きい上に縦に伸びる土地でも設計できる建築士さんを探してチャレンジしました。

前回お世話になった建築士の石黒さんは、当時東京エリア中心で仕事をされていたので、千葉の物件を手掛けてくれる建築士さんを探さなければいけませんでした。

ここでお願いすることになった建築士さんは、木造では土地のポテンシャルを生かしき

6棟目　土地から新築

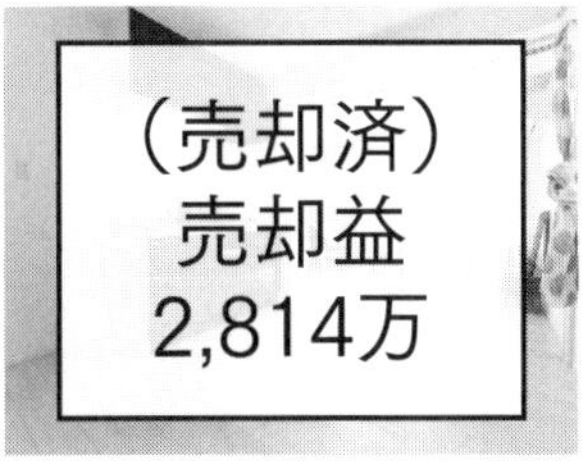

【購入】2018/3
10,800万（利回り7.9%）
【売却】2022/3
12,700万（残債9,886万）

【融資】地銀E　変34年（金利2.0%）10,800万
【立地】千葉市中央区（最寄駅　歩10分）
【構造】新築　重量鉄骨造4階（1LDK ×5、1K ×4）
（土地）123㎡（建物）264㎡

8棟目　土地から新築

【購入】2020/12
14,800万（利回り8.3%）
【売却】2020/12
17,650万（残債14,800万）

【融資】信金C　変25年（金利2.0%）1.25億
【立地】東京都練馬区（最寄駅　私鉄　歩10分）
【構造】新築　木造3階（1K ×13）※劣化対策等級3級
（土地）210㎡（建物）290㎡

れないからと、重量鉄骨造4階建てを強く提案されました。ただ、今、振り返るとRC造5階建（半地下）にしておけばよかったと思います。

●8棟目／東京都練馬区　木造3階【土地から新築／設計・施工分離】※竣工後すぐ売却
●9棟目／東京都立川市　木造3階【土地から新築／設計・施工分離】

7棟目は中古物件を購入して、8、9棟目は木造で2棟一括の新築で進めていましたが、第4章で解説したトラブルが発生して、8棟目は早めに売却しました。9棟目は立川の木造3階建てで今も保有しています。

もちろん重量鉄骨造も木造とともに儲かる、利回りも出るのは体験しており、そこは不満もなかったのです。しかし、あるところでRC造を新築でやっている人たちと出会い、場合によって億単位の売却益が出る話を聞きました。

あとは銀行から「法定耐用年数超えの融資が多い木造ばかりやっていると全体の評価が下がる」と聞きました。そのようなタイミングが重なり新築RC造に転向します。

9棟目　土地から新築

【購入】2022/6
15,300万（利回り7.5%）
【売却】保有中

【融資】信金G　変35年（金利2.2%）1.39億
【立地】東京都立川市（最寄駅　JR　歩13分）
【構造】新築　木造3階（1R ×13）※劣化対策等級3級
（土地）263㎡（建物）298㎡

11棟目　土地から新築

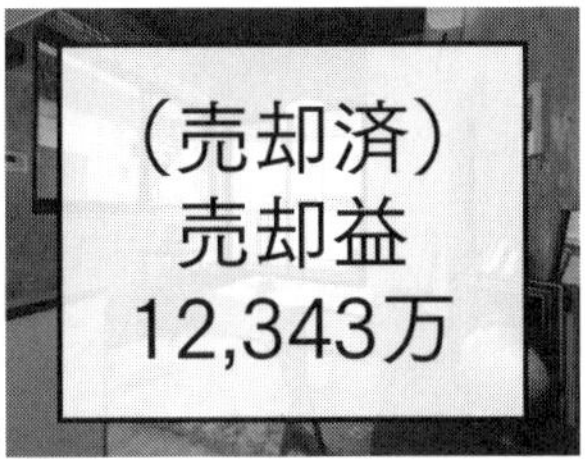

【購入】2020/11
19,500万（利回り7.4%）
【売却】2023/1
27,500万（残債15,157万）

【融資】地銀H　変30年（金利1.4%）16,000万
【立地】東京都足立区（最寄駅　JR 歩10分）
【構造】新築　RC 造5階（1K ×13、1LDK ×1）
（土地）123㎡（建物）382㎡

●11棟目／東京都足立区　ＲＣ5階【土地から新築／設計・施工分離＋ＣＭ】

10棟目と11棟目は同時期に土地を押さえました。ただ、その時期に建築会社の倒産トラブルも重なり、10棟目と11棟目の両方だと危ういので、10棟目のほうは土地を泣く泣く友人に譲ることにしました。その際に建築士や建築会社もセットにしてプラン付きで売却しています。そして、11棟目だけに専念しました。実際に11棟目をＲＣ造で設計し、ＣＭでコストダウンして建て、1億超の売却益で新築不動産投資の威力を実感しました。

新築不動産投資の実績を数字で振り返ってみると…

237ページ上段の取得金額の推移グラフから考察すると、取得金額は「失敗（トラブル）さえなければレベルアップしていく」という原則があります。土地と建物を合わせての金額帯が上がってくるのです。

この推移からすると買うための金額がどんどん上がりスケールアップしていく。つまり失敗をしないことで規模が拡大していくため、それだけでもどんどん規模拡大が達成できます。

取得金額の推移

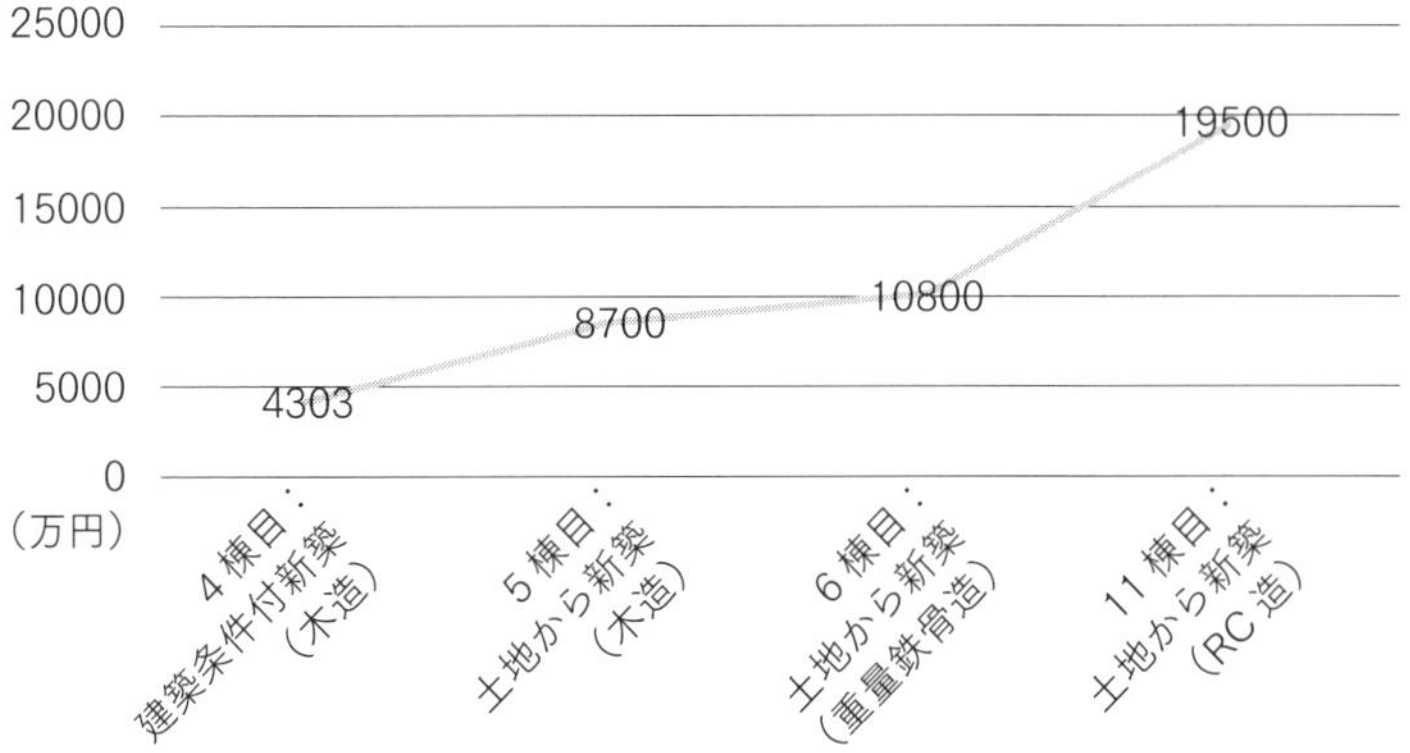

なお239ページ上段の売却益の推移グラフに8棟目と9棟目は入れていません。理由は、8棟目、9棟目はトラブルがあったため、購入金額が計画時とだいぶブレています。純粋に売却益の多さ少なさを理解するための事例に入れると、誤解を招きやすい部分があります。そのため、うまくいった案件だけを集めています。

キャピタルの推移から考察すると、売却をする際、建物構造によって売却益が変化します。特に伝えたいのは、木造からRC造に変えた場合にだいぶ違うことがわかりやすいです。

構造を木造→重量鉄骨造→RC造などに変えていけばキャピタルも増大します。他でも説明しているように、「法定耐用年数が、木造よりRC造のほうが長いため、融資が受けやすく長期融資が引けます。そのため、売却の際に次の人の融資が

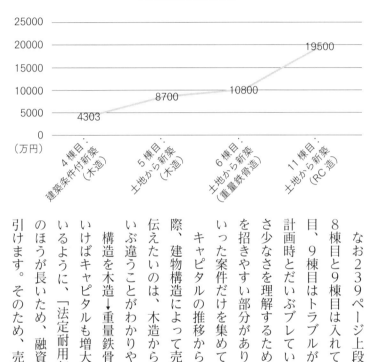

受けやすい」というのが一番大きな理由です。このように建物構造変化によりインカム重視（家賃収入）からキャピタル重視（売却）になります。

失敗には種類がある

私は失敗には種類があると考えます。ここで伝えたいのは、「学んでいることがどの失敗に対応するのか？」を理解して取り組むことです。

新築不動産投資における3つの失敗について個別に見ていきましょう。

・致命的でない失敗

知らないだけで、知っていれば防げる類の失敗です。知識を得て仕組み化することにより予防が可能です。本書の第4章「守り編」の予防に該当し、「発生前×確率最小化」を目的とします。発生確率を減らすことに注力します。

・致命的な失敗

複雑で外的要因が絡み合うために上級者にでも起こりうる避けられない失敗です。完全に運次第ですが、本書の第4章「守り編」のリスク管理に該当し、「発生後×被害最小化」

売却益の推移

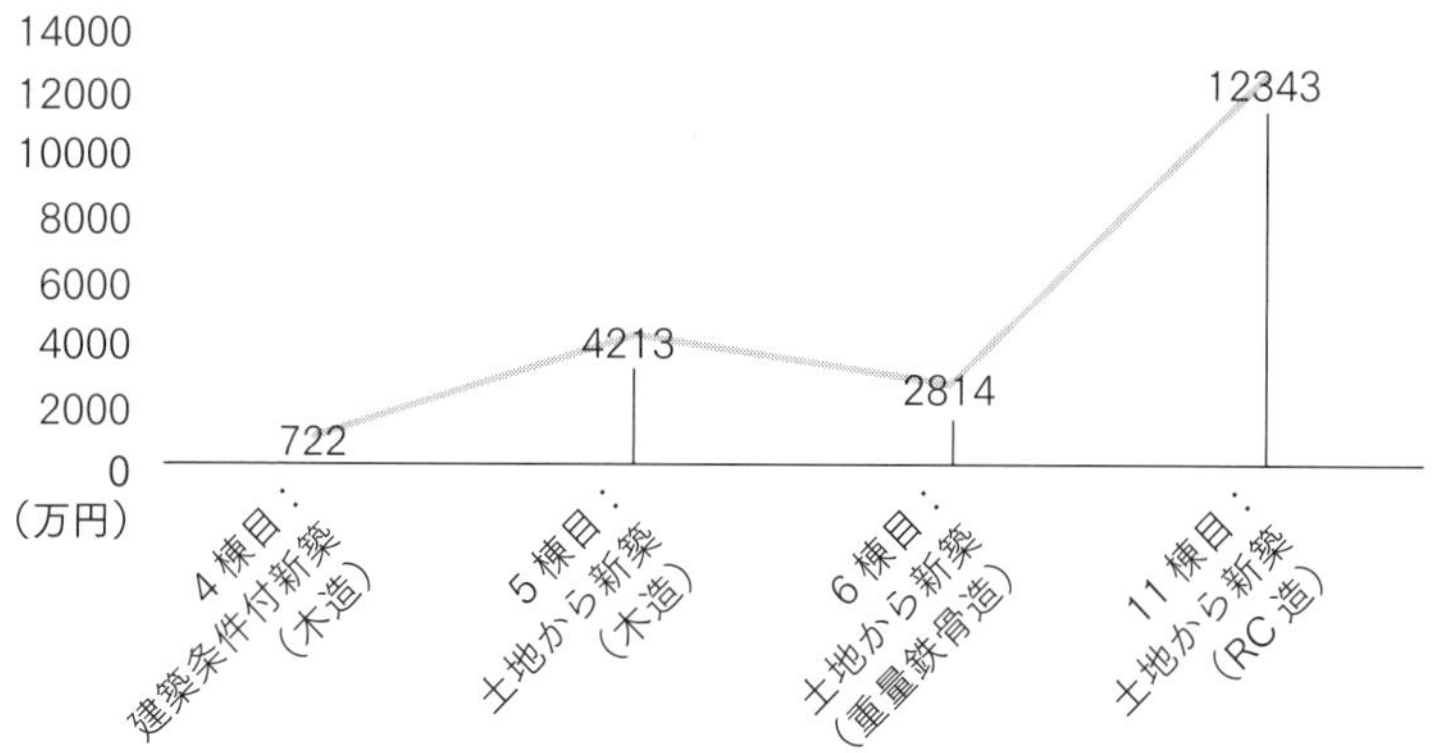

を目的とします。発生した被害を減らすことに注力します。

・成長できる失敗

そして、最後は成長できる失敗です。それは、実験的で知的な挑戦による失敗です（例：間取り、デザイン、設備仕様、建物構造を変える、新築の手法を変えるなど）。

本書の第5章のステップに該当し、「利回りアップ×競合優位性」を目的とします。インカム（持ってよし）＆キャピタル（売ってよし）の二刀流を実現することに注力します。

新築不動産投資を長期的に見れば、守りこそ＝攻めである

考察を踏まえてのまとめです。失敗しなければ伸びていきますから、それが「取得金額のレベルアップ」に連動します。また「成長できる失敗」は建物構造や新築手法を変えていくので、「売却益」に連動しています。その両方が必要です。

「致命的でない失敗」では、学ぶことにより予防のレベルアップができます。具体的には少額のキャッシュアウトを減らします。本書で学んで実践して取り組めば発生率低減を100％に近づけられるでしょう。

「致命的な失敗」は、学んでも発生する可能性があり、発生してからの対処によりレベルアップができます。失敗はどんな上級者でも避けられないものの、知識があれば発生時の被害額を減らすことが可能です。

「成長できる失敗」は、利回り向上につながりますから、競合差別化＋独自企画にどんどん挑戦してください。ただし、「立地＋面積」だけは後からの変更は難しいので、この領域だけは「致命的な失敗」にならないようにしましょう。

とくに新築では、デザインや設備、物件コンセプトなどが「致命的ではない失敗」として挑戦できます。

もし2棟同時建築トラブルがなかったら？（しくじり先生の理想と現実）

私自身にも失敗（＝建築会社の倒産トラブル）がありましたが、もしトラブルを起こさないで乗り切れた場合、今ごろもっと大きく成長しているでしょう。

ここで伝えたいのは、不動産賃貸業は賃料が決まっていますから、いきなりゼロになることもない半面、5倍や10倍の売り上げになることもありません。それだけ非常に安定化したビジネスです。

ただし、失敗はゼロではありませんし、失敗のリカバリーには、お金や時間がかかります。大きい損失を出してしまうと致命傷になり、新しく買うことすら難しくなります。実際、私もそれまで毎年買っていたのに、トラブルがあってから4年間も融資を使って買えていないです。不動産賃貸事業は事業であるがゆえに、法人決算書という成績表にそのトラブルも数字として刻まれてしまうからです。

まずは失敗（トラブル）を予防・回避するのが大事です。建売でさえ利益は出ます。それを固めた上で攻めるのが正しい道です。攻め方は次のステップ2で紹介します。

ステップ2 「新築投資手法」を理解した上で攻める

ここでは「成長できる失敗」にフォーカスします。成長できる失敗とは「チャレンジすること＝インカム（持ってよし）＆キャピタル（売ってよし）の二刀流を実現する」過程と不可分です。チャレンジするための手法として、新築投資手法の種類を紹介します。

・建売新築

アパートやマンションなど建物がすでに完成して販売されている建売新築は、建築会社の倒産などのリスクはありませんが、すでに立地が決まっていたり、建物の仕様が決まっているなどオーナーの要望には対応できず、また業者の利益が乗って価格が割高（市場流通価格になりやすい）な傾向にあります。特徴は建物が竣工してから、建物＋土地を同時に決済し引き渡すため建築会社の倒産リスクがないことです。

・建築条件付き新築

土地先行の条件付きの新築アパート・マンションは、土地の購入時にはすでに建物の標準規格（建築会社の標準グレード）が決まっています。施工会社によっては壁紙や床の色を選ぶことができ、その他も追加料金を払うことで仕様変更ができる場合があります。建物の仕様が全て決まっているところが建売に似ていますが、特徴は土地を先行して購入するため建築会社の倒産リスクがあることです。また不動産業者が建築会社を指定しオーナーには選択権がないため、質が悪い建築会社に当たった場合は倒産リスクは跳ね上がります。

・土地から新築（設計・施工一体）

土地の状態で購入するのは建築条件付き新築と同じですが、建物を建てる建築会社を自身で選べますが、建築士は建築会社指定です。建物の設計・施工は同じ会社で行うため信頼して任せられる会社に依頼できれば、施主としての手間がかかりません。建築条件付き新築同様に建築会社の倒産リスクはあります。

・土地から新築（設計・施工分離）

基本的には土地から新築（設計・施工一体）と同様ですが、最大の違いは設計を自分で選んだ建築士に依頼できることです。施工は自分で選んだ建築会社、または建築士から建築会社の紹介を受けられる場合があります。施工を行う建築会社は、建築士により監理を受けるため、建物の品質が担保されやすい。また投資家が建築士を直接依頼する関係となるため、意見を反映させやすいです。建築会社の倒産リスクはあります。

・土地から新築（設計・施工分離＋ＣＭ）

基本的には土地から新築（設計・施工分離）と同様ですが、ＣＭ(Construction Management)方式で施工を進めます。ＣＭ方式とは発注者側で建築会社と下請会社の相見積もり・選定、スケジュール・コストの管理、品質管理などの各種マネジメント業務を行うコンサルティングする会社を入れて行う建設プロジェクトの進め方です。ＣＭ方式をとることで相見積もりの手配、建築会社の選定やスケジュール管理など、投資家の負担やリスクが軽減されつつコストダウンを図れます。

最後にある土地から新築（設計・施工分離＋ＣＭ）になれば、大手不動産開発会社が大規模なタワマン、商業施設を作るのとプロセスとしては同じ。プロの不動産開発業者と一緒です。この「だんだんとレベルを上げていく」が、言葉だけだとわかりにくいため、まとめた表を次ページに作成したので参考にしてください。

ここで、どれがどのプロセスに該当するのか？　何をすべきなのかご理解いただきたいです。レベルが上がっていけばいくほど、ほとんど自分たちでやる形になります。

知識に関しては建売新築はほぼ必要がなく、建築条件付き新築は土地に関する基本知識のみ不要で、建物、事業計画に対する知識は多少必要。土地から新築に関しては、土地・建物のどちらの基本知識・専門知識ともに必要です。

新築手法別にわけていますので、それぞれの特徴と「どの手法だと何をしないといけないのか？」を理解することが大切です。

これらを理解していないと新築物件を企画する際に、建物構造ごとに共通する特性はどんな傾向があるのか（耐久性・居住性）、賃貸市場の市場変動に柔軟に対応するため複数の間取を取り込みやすいか（設計自由度）、立地・エリアごとの地盤状況でコストが変動しやすいか（地盤コスト）、売却戦略として建物構造ごとに売りやすい価格帯はいくらくらいなのか（成約価格帯）など、多くの重要な要素を見過ごしてしまうことになります。

やりたいと思ってもいきなりできるわけではなく、建築士の伝手がないとダメだとか、「価値向上」は利回りをどう上げるのか検討の際に使える選択肢です。注意点は取り組むことによって発生するリスクです。それらを各手法で説明しています。

新築５手法の比較（特徴）

土地から新築		
設計・施工一体	設計・施工分離	設計・施工分離＋ CM
△ （土地探しは不動産業者・オーナー両方）	○ （土地探しは主にオーナーが行う）	○ （土地探しは主にオーナーが行う）
× （建築会社の指定）	○ （オーナーの指定可）	○ （オーナーの指定可）
△ （選べるが、目利きが必要）	△ （選べるが、目利きが必要）	△〜○ （選べる上に、CM 会社がアドバイスもくれる）
△ （懸念は残る）	△ （懸念は残る）	△ （懸念は残る）
△ （開示されにくい）	△ （開示されにくい）	○ （開示される）
△ （しにくい）	△ （しにくい）	○ （400㎡以上はしやすい） △ （400m^2未満はしにくい）
先行決済	先行決済	先行決済
契約内容により分割決済	契約内容により分割決済	契約内容により分割決済
木造 重量鉄骨造 RC 造	木造 重量鉄骨造 RC 造	RC 造 （工事種類が少ない他構造ではコストダウンしにくい）
×〜○	×〜○	△〜◎

<table>
<tr><th></th><th>建売新築</th><th>建築条件付き新築</th></tr>
<tr><td>不動産会社</td><td>×
（土地探しは不動産業者が行う）</td><td>×
（土地探しは不動産業者が行う）</td></tr>
<tr><td>建築士</td><td>×
（建築会社の指定）</td><td>×
（建築会社の指定）</td></tr>
<tr><td>建築会社</td><td>×
（選べない）</td><td>×
（選べない）</td></tr>
<tr><td>倒産懸念</td><td>○
（心配なし）</td><td>×
（危ない建築業者を紹介する不動産業者は懸念が高まる）
△
（それ以外、懸念は残る）</td></tr>
<tr><td>下請情報</td><td>×
（開示されない）</td><td>△
（開示されにくい）</td></tr>
<tr><td>コストダウン</td><td>×
（かなりしにくい）</td><td>×
（かなりしにくい）</td></tr>
<tr><td>土地 - 支払</td><td rowspan="2">建物が竣工後に
土地＋建物を同時決済</td><td>先行決済</td></tr>
<tr><td>建物 - 支払</td><td>契約内容により分割決済</td></tr>
<tr><td>建物 - 対応構造</td><td>木造
重量鉄骨造
RC 造</td><td>木造
重量鉄骨造
RC 造</td></tr>
<tr><td>利回り</td><td>×～△</td><td>×～△</td></tr>
</table>

新築5手法の価値向上

新築5手法の価値向上を考えるならば、まず最優先事項は土地を安く取得することです。土地の価格交渉を行うのであれば、売主が不動産会社の場合、長期滞留在庫……いわゆる売れ残り物件であれば、指値も可能かもしれません。
なぜなら不動産業者は、次の仕入れのためPJ融資をスキップ（支払い繰り延べ）し、銀行評価を下げたくない事情があるからです。

また売主が個人なら「とにかく早く売りたい（現金化したい）」「いくらでもいいから手放したい」「土地に問題があるけど解決方法がわからない」などです。その場合は指値も可能となるので、登記簿を見て取得経緯を確認し、経緯に沿って合意できる範囲で提案しましょう。
その他、売主が法人で事業の資金繰りのために売却するケースもあり、現金化を急いでいれば、指値が可能な場合もあります。この交渉は、新築5手法全てに共通します（新築建売のみ土地＋建物で価格交渉を行う）。

続いて建築費用の金額交渉です。土地から新築（設計・施工一体もしくは設計・施工分離）であれば、不必要な設備をなくし、仕様グレードダウンで建築費用を削減できます。逆に仕様をアップグレードしたり、間取変更し、家賃増額を狙ったり、共用部面積を削減し、賃貸面積を増やして収益の最大化を図ることも可能です。

また同時に複数案件を手がけて（自分だけでなく他者紹介案件なども）ことでボリュームディスカウントを狙うのも一手です。

土地から新築の設計・施工分離＋ＣＭであれば、ＣＭでコスト削減のために設備の汎用化（特注ではなく、どの下請でも調達できるもの規格）を行います。

設計に無駄があるとコストが削りにくくなるため、シンプルなフロア構造に経済設計を重視したデザインにしてもらいます（1階～上階までほぼ同じ間取りなど）。

構造については最近の木造、鉄骨造は構造体がプラモデルのようにプレカット（事前に工場で設計に沿った形で加工される）のため工種（工程）が少ないためコストダウンしにくいです。そのためオーダーメイドに近しいＲＣ造、ＳＲＣ造がＣＭのコストダウン対象となります。

加えて、延床面積を大きくした場合、一般的には600平米以上だと共用部面積率が低くなり（共用部のコストが薄まる）、設計自由度が担保されやすくなり、建築会社にとっても大きな金額の案件となるためコストダウンしやすくなります。

土地から新築で、設計・施工分離（＋ＣＭ含む）であれば、設計価格の交渉にもチャレンジしてみましょう。建築費の金額帯が５０００万円未満だとなかなか難しいですが、それを超える案件金額だと純粋に低い割合でお願いすることも可能だと思います。

中級者以上が対象になりますが、業界での共通言語での基本的な理解ができ、議事録補助など建築士の物理的・精神的ストレスが減るなら費用は下げられる可能性があります。費用にはコミュニケーションコストを含むからです。

また建築士は総工費に対し５〜10％を設計料としているケースが多いですが、具体的な指定金額でお願いしてみることも一案です。

最後に収益性の向上です。建築会社・建築士に任せて出てくる間取りプランは一般的で差別化の要素はないことが多いものです。設計プランの自由度が一切ない建売新築以外は、造作が少ない（コストが低い）もので、かつ居住性が高い間取りへ改善要望を出しましょう。

間取り改善によりコスト増になる可能性はありますが、稼働率・家賃アップできるなら……つまり最終の利回りが上がるなら問題ありません。

また、部屋のデザインはコストを変えず競合差別化しやすい要素のため非常に重要です。壁紙や床材は同品番の中から選べばコストはほぼ変わらないからです。クロスの貼りわけなども資料を自分で作れば追加費用なしでやってくれる場合も多いです。設計分離でなくても、入居者受けを考えたデザイン性のある部材選定を行うことはオススメです。

新築5手法の注意点

新築5手法の注意点です。まず支払いにおける注意点から解説します。建売新築と建築条件付き新築については、特に最初の販売資料段階で（建売）建物＋土地の同時決済なのか（建築条件付き新築）土地の先行決済なのか、初心者には判断つかない場合も多いです。

建築条件付き新築ならば取引条件は通常は着工・中間・竣工の3回払いが多いですが、これは交渉次第で4回などに増やすことも可能です。もしくは、資力のある会社の場合は、最終（竣工後）の一括支払いに交渉できる場合もあります。

建築条件付き新築、土地から新築の設計・施工一体、設計・施工分離、設計・施工分離＋CMについては同等の建築リスク（建築会社倒産）があります。

特に建築条件付き新築では建築会社指定のため大家側に選択の余地はありません、不動産会社が建築条件付きでセットしたのが良い建築会社ならいいですが着手金が、欲しいだけの最初から倒産するつもりの悪質な建築会社の場合もあります。

この点は業歴が長く信頼を重視する不動産会社であれば、建築条件付き新築で紹介する建築会社の査定自体もある程度厳格に行いますが、不動産会社の業歴が浅くイケイケの会社であれば、建築会社の査定も紹介料の金額の多寡で決めている可能性が高いです。建築条件付き新築では不動産会社が要チェックです。

不動産会社への注意点は建売新築、建築条件付き新築ともに不動産会社のレントロールをかなり誇張している（実際よりも高い家賃が設定されている）可能性があります。必ず自分で試算して適正家賃に引き直した利回りに沿って値引きを依頼しましょう。

また不動産会社が設立間もない上に、販売至上主義の会社なら要注意です。具体的なチェックポイントはイエローカードなら「二重売買契約を推奨してくる」、「エビデンス偽装（年収・資産額）を提案してくる」、レッドカードなら「前述したような行為があり出禁の銀行がある」などです。これらを不動産会社とのコミュニケーションの中でそれとなく探り注意していきましょう。

土地から新築で、設計・施工分離（＋CM含む）であれば、建築士にも注意してください。建築士という資格だけで判断してはいけません。一級建築士でも雑な設計を出してくることもあります（建たない設計なども！）。このあたりの詳細は私のブログでも詳細に記載していますのでよければご覧になってください。

土地から新築に関しては、特に建築会社こそが要注意です。見積もり金額も重要ですが、絵に描いた餅にならないよう、信頼＞見積もり金額で選びましょう。くれぐれも建築費の見積もりだけで判断しないようにしてください。そのためには多くの建築会社の相見積もりを取りましょう。

価格を下げられる要素は「①（建材代）年間取引量が多く安く仕入れられる」、「②（人工代）人件費が安い」、「③（生産性）現場管理能力が高く工程に無駄がない」、「④（ドンブリ勘定）提示値段に根拠はなく、とにかく競合よりも安くして受注優先にしているだけ」の４要素です。その相見積もりで安いものがあれば、その価格の妥当性が４要素のどれに該当するのか（複数の場合もあり）。それを見極めましょう。建築リスクで最も危険な要素は④です。相見積もりを並べ、金額が他と比べて安すぎるものがあれば④の可能性が高く要注意です。

最後に経営者の当事者意識についてです。新築不動産投資は魅力もありますが危険もあります。ですが「はじめに」で述べた通り、危険は学ぶことで発生確率を下げられます。最も危険度の高い建築会社選定を業者依存せざるを得ない建築条件付き新築であれば、出てきにくい立地や提携ローンの融資優遇など、よほどのメリットがなければ、難易度は建売よりも上がりますが、サポートしてくれる建築士や不動産コンサルタント・大家塾を通じてきちんと学んで土地から新築を行うことをオススメします。

巻末270~271ページに参考リンクで推奨の本や大家塾、建築士などをまとめていますので、そちらも参考にしてください。

土地から新築であれば、どの手法であっても、経営者として当事者意識を持って動く必要があります。不動産会社、建築会社、建築士を信頼しすぎて任せきりにしてはいけません。投資を行う前に業界・職種の共通言語くらいは学んでおきましょう。規模は違えど、やっていることはプロの不動産開発会社と同じことなのですから。

構造ごとの特性比較

	耐火性（火事）	耐震性（地震）	耐久性（風水害）	シロアリ
木造2階建て	×	×	×	×
木造3階建て	×	×	×	×
重量鉄骨造	▲	○	○	◎
RC 造壁式	◎	◎	◎	◎

	遮音性	断熱性	設計自由度
木造2階建て	×	×	○
木造3階建て	×	×	○
重量鉄骨造	▲～○	▲～○	◎
RC 造壁式	○～◎	○～◎	▲

※強→弱を◎→×で示す

ステップ3 「建物構造ごとの特性」を理解した上で攻める

新築手法ではなく、建物構造ごとに、どんな特性があるのかを理解しましょう。

ここでは「建物について」「居住性について」「コストについて」を木造・重量鉄骨造・RC造にわけて評価しています。

上記の「構造ごとの特性比較」をご覧ください。建物については耐火性・耐震性・耐久性・シロアリ、どの項目から見てもRC造壁式が優位です。

居住性を上げるための設計の自由度でいえば、重量鉄骨造がもっとも優位で、ついで木造2階建て、木造3階建てとなります。遮音性と断熱性はRC造壁式がもっとも優

構造ごとのコスト比較

	建築コスト	地盤コスト	工期	備考
木造2階建て	◎	◎	◎	・建築コスト 構造計算＝簡略可
木造3階建て	○	○	○	・建築コスト 構造計算＝必須
重量鉄骨造	▲～○	▲～○	▲	・建築コスト 構造計算＝必須 ・地盤コスト 木造の約2倍以上の重量
RC 造壁式	×～▲	×～▲	×	・建築コスト 構造計算＝必須 ・地盤コスト 重量鉄骨造の約2倍以上の重量

※強→弱を◎→×で示す

れています。

※遮音性・断熱性……変動幅があるものは施工方法により可変（断熱材種類など）

コストは上記の「構造ごとのコスト比較」表にあるように木造2階建てがもっとも低く、ついで木造3階建てが続きます。重量鉄骨造はＲＣ造壁式に比べればマシですが、総じて高くなります。ＲＣ造壁式はもっともコストが高くなり利回りは上げにくいですが、高さのある（階数のある）建物を建てることで利回りを上げることは可能です。

※建築コスト……変動幅があるものは発注

構造ごとの利回りと成約価格帯

	都内—木造	都内—鉄骨	都内— RC
売却利回り（Min）	6.8〜7.8%	6.0〜7.0%	5.0〜6.0%
売却利回り（Ave）	6.5〜7.5%	5.7〜6.7%	4.7〜5.7%
売却利回り（Max）	6.2〜7.2%	5.4〜6.4%	4.4〜5.4%

（万円）

	都内—木造	都内—鉄骨	都内— RC
成約価格帯（Min）	3000〜12000	8000〜18000	13000〜23000
成約価格帯（Ave）	5000〜14000	12000〜24000	19000〜31000
成約価格帯（Max）	7000〜16000	16000〜30000	25000〜39000

※ 2023 年 12 月時点の著者独自の集計データに基づく（4 億円未満）

条件により可変（ＣＭを入れる、コスト削減率が高い、延床面積、効率的な経済設計など）

※地盤コスト……変動幅があるものは地盤条件により可変（地耐力がある硬い地盤か、泥など緩い地盤か）

建物構造でどんな投資特性になりうるのか？

続いて「建物構造でどんな投資特性になるのか？」について解説します。売却のゾーンがどう変わってくるのかを木造・鉄骨・ＲＣで、それぞれレインズ（宅建業者専用の情報交換サイト）のデータを集計しています。

集計では「成約価格帯」がわかります。例えば2億～3億円の木造を作っても、銀行融資が難しく買える人が限られます。2億円以上で売ろうとすれば、重量鉄骨造やＲＣ造でなければ売りにくいということです。

基本的に売却においての成約率は売却利回りと販売価格帯で決まります。レインズで都内における収益不動産売買の成約事例（検索条件：築年5年以内、都内、5年以内の成約）を見ると、木造の利回りがもっとも高く、ついで重量鉄骨造、RC造がもっとも低いです。

同じくレインズで都内における収益不動産売買の成約価格は、RC造がもっとも高額で、ついで重量鉄骨、もっとも価格が低いのは木造です。

ここで伝えたいことは、構造ごとに流動性が高まったり低下したりする金額帯ゾーンがあることです。木造は1億5000万円を超えると途端に売りづらくなるため、大きな規模の物件を作りにくいです（＝金額グロスを上げにくい）。

出口の価格帯（売りやすいゾーン）を意識せずに特定の構造でグロスを上げると買える人がいなくなり、インカムはよくともキャピタルの出口はかなり狭くなってしまいます。

続いて新築不動産投資の「レベル別目標利回り」を見ていきます。都内の木造なら初級者に比べて、中級者は＋0・6〜1・0％以上の開きがあり、上級者ともなれば最大＋

レベル別目標利回り

	都内―木造	都内―鉄骨	都内―RC
初級者 建売新築	6.4〜7.4%	5.4〜6.4%	4.4〜5.4%
中級者 建築条件付き新築・土地から新築（設計・施工一体）	7.0〜8.0%	6.2〜7.4%	5.4〜6.8%
上級者 土地から新築（設計・施工分離）（設計・施工分離＋CM）	8.0〜9.5% →伝えたいこと 市場建売＋25〜50%目標	7.4〜9.0% →伝えたいこと 市場建売＋35〜65%目標	6.8〜8.5% →伝えたいこと 市場建売＋35〜65%目標

3・0%ほど高利回りが見込めます。

目標値としては建売新築に比べて、20〜50%ほど高い利益率を目指しましょう。

これが重量鉄骨造やRC造になると初心者はより低利回りになります。上級者の目標値としては、重量鉄骨造で建売新築の35〜65%が目標、RC造では建売新築の35〜65%が目標です。

伝えたいのは、上級者になるほど、構造ごとに売却できる市場利回りと自分の物件利回りの乖離が大きくなるということです。なるべく意識して、その乖離幅を大きくとれる出口基準を決めて投資すれば、より大きな利益を得られます。

建物構造で異なる銀行評価（再調達価格・法定耐用年数・経済的残存耐用年数）

我々が見ている数字と、銀行が見ている数字は違うことをここで解説します。建物構造で異なるのは銀行評価（再調達価格・法定耐用年数・経済的残存耐用年数）です。

単純に投資家の場合、「自分が投入した金額がどう利回りに関わるのか、手残りがいくらか」ですが、銀行からすると担保評価が非常に強くて、そこで関係あるのが再調達価格・法定耐用年数・経済的残存耐用年数になります。

金融機関により、どこを重視するのかも大きく、資産価値的なところに注力するのか、それとも収益性なのか、いずれにしても、どちらも関わってくるので、基本的には両方を考えなければいけません。

また、どちらかといえば木造のほうが低コストで作れて、利回りを上げやすいので、規模より利益を重視する人には木造は需要があります。また、新築初心者でも取り組みやすいでしょう。ただし、そこから物件価格帯を上げつつ規模拡大するには、木造だけでは厳しいです。それは法定耐用年数が短く、担保価値が低くなりがちだからです。物件価格帯が大きくなると、一般的には金融機関は重量鉄骨造、ＲＣ造を好みます。

【木造】投資家目線・金融機関の目線の違い

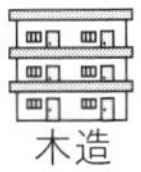

・購入額 1.5 億円
・利回り 8.0%
・返済年数 30 年
・耐用年数 22 年
・金利 2.0%

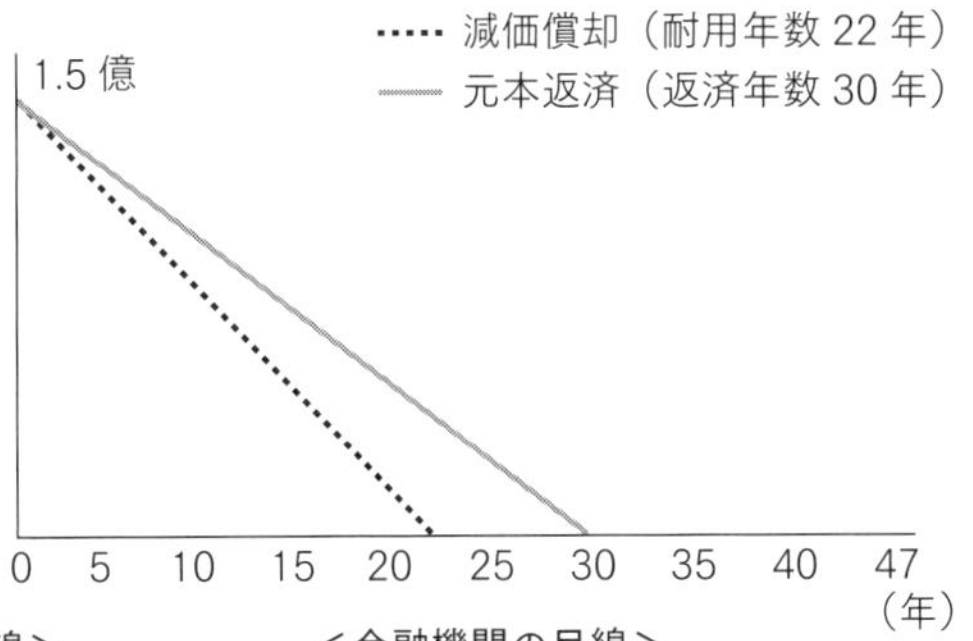

＜不動産投資家の目線＞
・購入額 1.5億円（利回り8.0%）
・返済年数 30年　金利2.0%
→キャッシュフロー　45万円 / 月

＜金融機関の目線＞
・購入額 1.5億円（利回り8.0%）
・耐用年数 22年　金利2.0%
→キャッシュフロー　30万円 / 月

木造は見た目のＣＦは出ますが、建物減価償却の速度＞元本返済の速度であり、経年で銀行の評価は悪くなります（残債に対しての物件評価が低くなる）。

また、時間が経つと次に買う人の融資期間も圧迫します。

例をあげれば、新築して10年経過後、次に買う人は融資期間が10～15年くらいになってしまうのです。

木造は、返済年数＞耐用年数となるため、経年で負債（含み損）が拡大し（デッドクロスになる）、返済年数を無理やり増やしてキャッシュフローを作っているイメージです。耐用年数で再評価すると銀行評価はややマイナスになります。

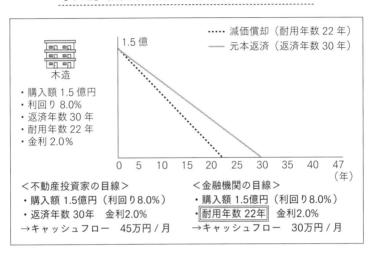

【重量鉄骨造】投資家目線・金融機関の目線の違い

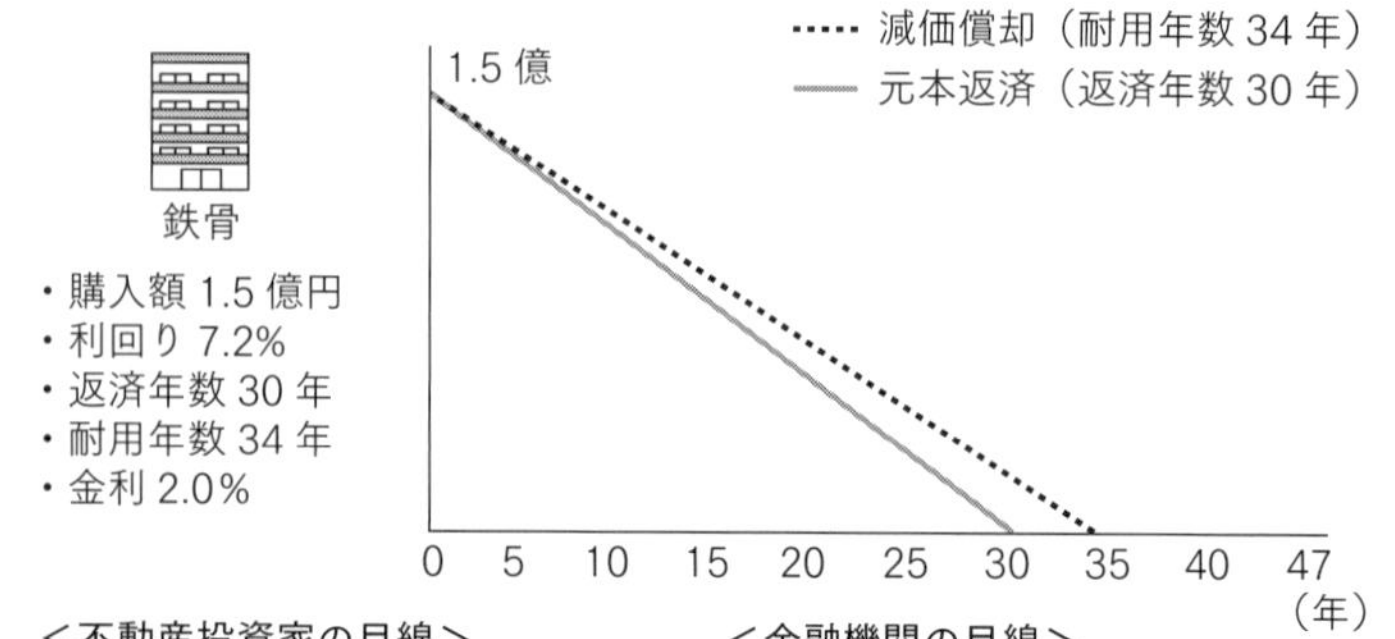

＜不動産投資家の目線＞
・購入額 1.5億円（利回り7.2%）
・返済年数 30年　金利2.0%
→キャッシュフロー　35万円 / 月

＜金融機関の目線＞
・購入額 1.5億円（利回り7.2%）
・耐用年数 34年　金利2.0%
→キャッシュフロー　40万円 / 月

重量鉄骨造は見た目のCFも木造レベルですが、建物減価償却の速度＝元本返済の速度であり、経年で銀行の評価は良くなります（残債に対しての物件評価が高くなる）。

また時間が経っても、次に買う人の融資期間を圧迫しません。

例をあげれば、新築して10年経過後も、次に買う人は20～25年融資が可能です。

重量鉄骨造は、返済年数＜耐用年数となるため、経年で資産（含み益）が緩やかに拡大し、返済年数に無理をせずキャッシュフローを作っているイメージです。耐用年数で再評価すると銀行評価はややプラスになります。

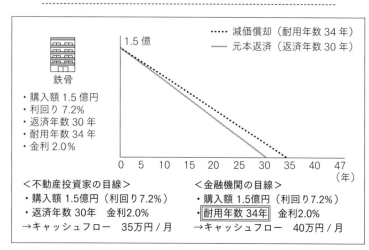

【RC造】投資家目線・金融機関の目線の違い

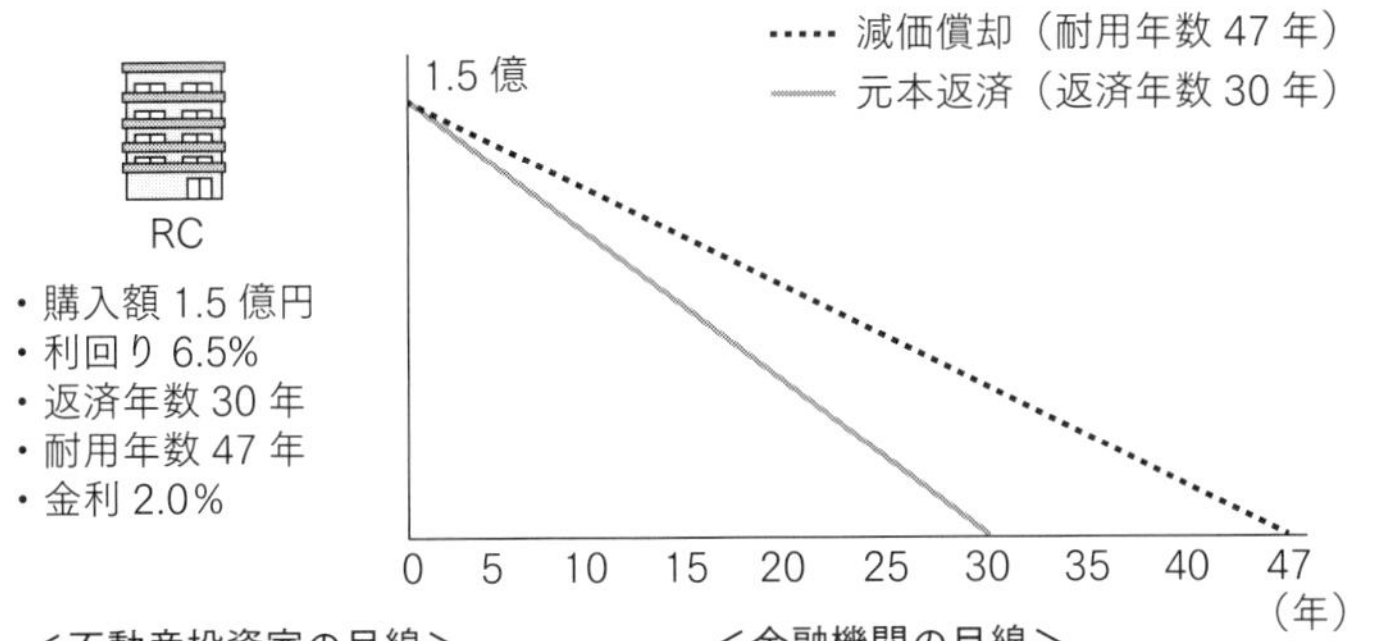

<不動産投資家の目線>
・購入額1.5億円（利回り6.5%）
・返済年数30年　金利2.0%
→キャッシュフロー　25.75万円/月

<金融機関の目線>
・購入額1.5億円（利回り6.5%）
・耐用年数47年　金利2.0%
→キャッシュフロー　40万円/月

RC造は見た目のCFは出ませんが、建物減価償却の速度＜元本返済の速度であり、経年で銀行の評価はかなり良くなります（残債に対しての物件評価がかなり高くなる）。

つまり、時間が経っても次に買う人の融資期間を圧迫しないのです。

例をあげれば、新築して10年経過後も次に買う人は30～35年融資が可能となります。

RC造は返済年数＜＜耐用年数となるため、経年で資産（含み益）が大幅に拡大し、返済年数に余裕を持ってキャッシュフローを作っているイメージです。耐用年数で再評価すると銀行評価は大幅にプラスになります。

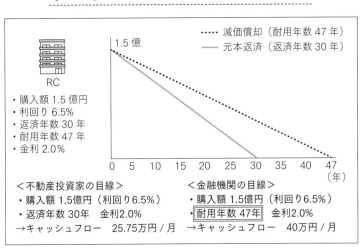

まとめ（建物構造で異なる新築不動産投資のスタンス）

結論はどの手法であっても「正しい」ということです。構造の違いは投資スタンスによるもので、木造でもRC造であっても、どちらでもいいのです。ただ、そのスタンスがどういったものであるか理解しないといけません。

自分が心地いいのは安定的な家賃収入からキャッシュフローを得るインカム重視なのか、それとも売却時に大きな利益を得るキャピタル重視なのか？　それぞれのスタイルで、どんな長所短所があるのかも把握しましょう。

いずれにしても忘れないでいただきたいのは次の2点です。

・人に任せることが多ければ多いほど、取得コストは高くなり、そのぶん学習コストは低くなるが、利回りを追求できない
・任せるものが少なければ少ないほど、取得コストは安くなり、そのぶん学習コストは高くなるが、利回りは追求できる

というシンプルなルールです。自分がプロジェクトに関わって、細部まで指揮をとることで取得コストを下げられますが、その分だけ自分自身で管理することが増え、学習コス

トも高くなっていきます。
ただし、その分だけ中間マージンの支払いも減り、利回りも高くなっていきます。

ここで皆さんに質問です。
郊外の新築木造と都内の新築RC造どっちが良いでしょうか？

比較するのは「郊外の新築木造1億円・利回り10％（売却利回り9％）と「都内の新築RC造2億円・利回り6・5％（売却利回り5・5％）です。利回りが高いのは郊外の木造ですが、利回りと売却利回りの差は同じ1％で利益率は同じです。

正解は「どちらも正しい」です。重要なのは自分の投資スタンスを理解した上でやること。短期目線で手残り（CF）の良さなら郊外新築木造ですが（長期的にはデッドクロスになりやすいが短期的には固定資産税も低い）、銀行目線と売却を重視するなら都内新築RC造でしょう。
郊外新築木造に融資する金融機関よりも、都内新築RC造に融資する金融機関（流動性＝買える層の多さ）のほうが多いため、インカムゲイン（CF）至上主義なら郊外新築木造で、キャピタルゲイン至上主義なら都内新築ＲＣ造ということになります。

郊外新築木造は利回りが高いのでイールドギャップ（利回りと調達金利の差）が取りやすく金利上昇局面にも強いですが、都内新築ＲＣ造の利回りは低いためイールドギャップが取りにくく、金利上昇局面に弱い傾向があります。

また郊外新築木造は流動性が低くなるので物件金額は上げられませんが、都内新築ＲＣ造は青天井で４億円までなら、個人投資家が購入、それ以上なら法人、７億円を超えれば不動産ファンドすら購入対象となります。

このように投資スタンスには一長一短があり、外的要因に対しても一長一短があります。

郊外新築木造も都内新築ＲＣ造も買っていくようなバランス型ならキャピタルゲインもそこそこで、外的な市場変動（金利や賃貸需要の変動）にはリスク分散をしているため、リスクに対してもっとも耐性があるかもしれません。

さあ、これであなたは新築不動産投資の普遍的原則に触れることができました。あとは勇気を出し「夢で終わらせない人生」のために、一歩踏み出すだけです。

おわりに

「夢で終わらせない人生を歩むため、人生の主人公になってほしい」

あなたは2つの貴重な資産を手にしている。それは「絶望（飢餓）」と「希望（夢）」だ。諦めるか挑戦するか、どんな人生に使うのか――決断するのはあなたです。

日常で小さな絶望（飢餓）を感じるたびに思い出してください。そして、その絶望（飢餓）を糧とし、希望（夢）への冒険へ、明日ではなく今日、1歩目を踏み出してほしい。今日踏み出すその一歩を続けることが、あなたの真の人生を徐々にたぐり寄せていきます。

億万長者やＦＩＲＥを簡単に達成する、都合の良い近道や裏技は存在しない

私は社会の底辺時代に「本当に歩みたかった人生を諦めた人」をたくさん見てきました。日々、不満と愚痴ばかり。「今の状況は自分のせいじゃない」、「チャンスが来たら本気を出す」と口先だけで諦観していることに慣れた人たちです。私が不動産投資を通じて資産300万円を10年で100倍以上にできたのは、時代を超えた先人たちの成功と失敗で踏み固められた普遍的原則に触れたら、すぐ一歩目を踏み出し、そして歩み続けたからです。

運は諦めず挑戦し続ける人だけに、再現性と共に舞い降りることを覚えていてください

この本を手に取ったあなたなら、きっと大丈夫。新築不動産投資の魅力を最大化し、危険を最小化する方法を知って興味を持ったのなら、何よりもすぐに実践してください。学ぶことは非常に大事ですが、実践しなければ本当に学んだとはいえません。

そして、あなたが得た学びや経験を大切な人たちにもぜひ教えてあげてください。次ページには本書の実践で活用してもらえるダウンロード資料や、説明しきれなかった情報をお役立ちリンク集にまとめました。私の失敗と成功から、一人でも多くの方が「夢で終わらせない人生」の冒険の旅に歩み出すことを切に願います。

最後に謝辞を。不動産投資を始めた頃から苦楽を共にし、どんな過酷な状況でも最後まで私を信じ抜き支えてくれた妻、親不孝者だった自分を朝も昼も晩も女手ひとつで働き、変わらず応援してくれた母。戦友のような大家仲間たち。私の想いを漫画にしてくれた三輪さん、そしてこの新築不動産投資の羅針盤を世に送り出すために、毎日深夜遅くまでサポートしてくれた扶桑社の編集担当やライターの方々に心からお礼を申し上げます。

2024年　スイス グリンデルヴァルトでアイガー北壁を眺めながら　生稲 崇

購入者限定特典

新築不動産投資で億万長者&FIREを目指すための

4大プレゼント

新築不動産投資を始めようと思ったあなたのために
すぐに使える編集可能ファイル、PDF、動画を提供します。
攻め２つ&守り２つのプレゼントなので必ず活用しましょう！

1 攻 すぐ使える雛形テンプレート！ 土地情報から概算利回りを出せる
新築収支計算シート（編集可能ファイル）

2 攻 すぐ使える雛形テンプレート！ 銀行に持ち込む資料がわかる
新築融資打診シート（編集可能ファイル）

3 守 加入～建築トラブル～申請まで！ 最初から最後まで流れがわかる
倒産防止共済マニュアル（PDFファイル）

4 守 建築会社の倒産トラブルを生き抜いた！ 倒産サバイバーの過酷な経験から学ぶ
倒産サバイバー対談動画（動画）

① **サバイバル投資家LINE公式アカウントを友達に追加する**
サバイバル投資家公式アカウント **https://lin.ee/8tsrRYQ**
※すでに登録済の方は、新たに登録は不要です。

② **登録完了したらメッセージで、本書タイトルのカタカナ部分を「カタカナ5文字」で入力して送信してください**
ヒント **1～3文字目は「サバイ」、5文字目は「ル」**
※文字を間違えたり、ひらがな、漢字などで入力すると特典は受け取れません。

③ **送られてきたURLから、購入特典の受け取り専用サイトにアクセスし、特典を受け取る。**

※購入者特典は筆者が製作したものとなります。
お問い合わせは公式LINEアカウントのメッセージまでお願いします。
LINEアカウント以外での対応は行なっておりません。
扶桑社　編集部ではお問合せにお答えしかねますので
ご了承ください。特典の配布は、予告なく終了する場合が
あります。ご了承ください。

サバイバル投資家の

新築不動産投資お役立ちリンク集

※定期的に更新

新築用地の探し方まとめ　重要

ポテンシャルのある新築用地を探すスピードは新築不動産投資の生命線だ、と言っても過言ではありません。誰よりも早く良い土地情報をキャッチするために重要なポイントとなる
・探し方マニュアル
・推奨するサービス、ツール
・重要なポイント
をまとめました。

https://cashflow365.net/book1/landsearch/

建築士の探し方まとめ　重要

良い土地情報を早く手に入れても、設計が遅いと、ライバルに勝つことはできません。そこでラフプランの「スピード」、「精度」の両方を満たすことが重要なポイントとなる
・探し方マニュアル
・推奨するサービス、ツール
・重要なポイント
をまとめました。

https://cashflow365.net/book1/arch/

建築会社の探し方まとめ

良い土地、建築士を見つけても適正なコストで建築してくれる建築会社を見つけなければ絵に描いた餅です。倒産リスクを避けつつ、良い工務店を見つける重要なポイントとなる
・探し方マニュアル
・推奨するサービス、ツール
・重要なポイント
をまとめました。

https://cashflow365.net/book1/constr/

RC造のコストダウンまとめ

RC造の新築マンションは新築の最終投資形態でしょう。この構造のコストダウンを図るうえではプロの開発業者とやることは変わりません。そんなRC造のコストダウンの重要なポイントとなる
・探し方マニュアル
・推奨するサービス、ツール
・重要なポイント
をまとめました。

https://cashflow365.net/book1/cm/

新築に積極的な銀行まとめ

銀行は時期により積極的 or 消極的だったりと差があります。また銀行独自の評価方法でも同様です。そういった最新トレンドの融資条件や積極姿勢において重要なポイントとなる
・積極的な銀行リスト
・積極的な銀行の融資条件
・重要なポイント
をまとめました。

https://cashflow365.net/book1/bank/

新築家賃の調査方法まとめ　重要

新築物件の事業計画では、その部屋の家賃設定は非常に重要です。過小ならば利回りが下がり、過大ならば銀行の事業者評価は悪くなります。そんな重要なポイントとなる
・探し方マニュアル
・推奨するサービス、ツール
・重要なポイント
をまとめました。

https://cashflow365.net/book1/rentprice/

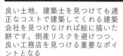

プロパン業者まとめ

新築物件ではプロパン業者の選定により建物設備のグレードが貸与契約により上がったりします。オーナーがコストをかけずに住環境を向上させる重要なポイントとなる
・探し方マニュアル
・推奨するサービス、ツール
・重要なポイント
をまとめました。

https://cashflow365.net/book1/gas/

ネット無料設備業者まとめ

IT が発達した現在では、住む場所のネット環境が成否を分ける場合もあります。動画配信サービス、ネットサーフィン動画などの快適性を低コストで実現する重要なポイントとなる
・探し方マニュアル
・推奨するサービス、ツール
・重要なポイント
をまとめました。

https://cashflow365.net/book1/internet/

新築物件の募集を強化する

新築には新しい空間コンセプトを世に送り出す面白さがあります。ただ仲介業者は新築の魅力を表現しきれない場合も多いです。そんな新築の魅力を伝えるポイントとなる
・募集マニュアル
・推奨するサービス、ツール
・重要なポイント
をまとめました。

https://cashflow365.net/book1/rent/

ホームステージング業者まとめ

新築物件が竣工したタイミングではほとんどが空室で一刻も早く満室にすることが重要です。その際に居住空間の魅力を最大化し、募集を加速させる重要なポイントとなる
・探し方マニュアル
・推奨するサービス、ツール
・重要なポイント
をまとめました。

https://cashflow365.net/book1/homestaging/

自分の投資家スタイルを知る　重要

どんな人間で、どんな考えで、どんな行動をしやすいのか。
どんな強みがあり、どんな弱みがあり、どんな状況で強くなり、弱くなるのか。
投資家としての性格・スタイルを知ることは投資において強い武器となります。
もし自分のことを言語化・可視化できていないなら、このツールで自分の性格と投資スタイルを知りましょう。

https://academe.jp/

その他まとめ

その他、新築不動産投資で役立つ
・本書で紹介した URL
・本書では詳細説明できなかった内容
・小技テクニック
・大家おすすめクレジットカード
をまとめました。

https://cashflow365.net/book1/etc/

オススメ大家会まとめ　重要

「大家の会」は、特定の地域・テーマで不動産投資に関する悩みや情報を共有したり、不動産投資家が集まって懇親会を開いているコミュニティです。不動産投資の勉強・ノウハウ共有、業者・銀行の紹介、意識が高く実績を上げている大家さんとの出会いによるモチベーションなど沢山のメリットがあります。ぜひ参加して高め合いましょう。

https://cashflow365.net/book1/community/

オススメ書籍まとめ　重要

不動産投資やビジネス本などたくさんの書籍がありますが、最も重要なのは
「時代やトレンドが変わっても
変わらず再現できる普遍的原則」
を書いている書籍かどうかです。
新築不動産投資のテーマはもちろん、私が実際に読んでとても勉強になった点や、どういったレベルの人に役立つのかなど書評と合わせてまとめました。

https://cashflow365.net/book1/goodbooks/

初心者も、経験者もたった1棟で億万長者になれる！

新築不動産投資サバイバル大全

発行日　2024年7月29日　初版第1刷発行

著者……………………… 生稲 崇
編集……………………… 詠祐真（扶桑社）
構成……………………… 布施ゆき
カバーデザイン……… 井関ななえ（株式会社 EmEnikE）
本文デザイン………… 株式会社 Sun Fuerza
校正・校閲…………… 株式会社聚珍社
漫画・イラスト……… 三輪亮介
発行者…………………… 秋尾 弘史
発行所…………………… 株式会社 扶桑社
〒105-8070 東京都港区海岸1-2-20 汐留ビルディング
電話：03-5843-8195（編集）
03-5843-8143（メールセンター）
www.fusosha.co.jp

印刷・製本…………… タイヘイ株式会社印刷事業部

Printed in Japan
ISBN 978-4-594-09696-0